朝日新書
Asahi Shinsho 919

天下人の攻城戦

15の城攻めに見る信長・秀吉・家康の智略

渡邊大門 編著

朝日新聞出版

はじめに

本書がテーマとするのは、織田信長、豊臣秀吉、徳川家康の三人の天下人が繰り広げた攻城戦である。

本書で取り上げたのは、比較的知られている十五の攻城戦である。それぞれの攻城戦は、三人の天下人のターニングポイントになった重要な戦いでもあった。それらは、三人の天下人が出陣して指揮を執ったものもあれば、配下の者たちが攻城戦を行ったものもある。天下人が各地の合戦すべてに出陣するのは難しいのだから、配下の者に任せるというのは、必然的な流れであろう。

合戦は大別すると、野戦と攻城戦に二分される。野戦とは互いにある地点に出向き、戦うことである。一般的に言えば、ある大名が敵地に侵攻し、攻め込まれた大名が迎撃することが多い。三方ヶ原の戦いは、武田氏が遠江《とおとうみ》に侵攻し、徳川氏が迎え撃った。関ヶ原合戦では、東軍と西軍が移動しながら、関ヶ原を戦場に選んだ。戦いの場は、おおむね国境付近となる。迎え撃つ方は、なんとか国境で敵を撃退しようとしたのだ。

しかし、多くの野戦では敵の本拠を叩くことができなかったので、滅亡に追い込むことは難しかった。もっとも効果的だったのは、敵の本拠地である城を落とすことである。本書では多数の攻城戦を取り上げているが、落城がそのまま当該大名の滅亡に繋《つな》がることが多かった。したがって、諸大名は野戦を繰り返しながら、最終目標は敵の城を攻め落とすことにあったといえる。

織豊期に入ると、軍役を賦課して徴兵するシステムが整い、兵站《へいたん》の確保により長期の城攻めが可能になった。従来の戦いでは、長期戦になると、まず兵糧の確保が困難になった。同時に、将兵の戦いへのモチベーションを維持することも難しくなった。当時の将兵は兵農未分離であり、半農半兵という存在だった。特に攻める側は食糧難とモチベーションの低下により、戦いが長期化すると撤退を余儀なくされたのである。

城攻めに際しては、周囲に付城《つけじろ》（砦《とりで》）を築くなど、戦術もより洗練されたものになった。さらに、付城を拠点として荷留めや米留めを行うことで、武器や兵糧などが敵方の城にわたらないようにするなど、作戦も高度化していった。織豊期に入って、籠城戦が増えた理由としては、右のような事情があったと考えられる。こうして天下人は、諸大名に命じて軍勢を大量に動員し、攻城戦を展開したのである。

三人の天下人の攻城戦には、それぞれ特徴がある。信長の場合は、短期決戦でケリをつけようとしたが、思いがけず長期化したケースが多い。その理由は明確で、信長は大坂本願寺と約十年にわたり抗争を続けたので、その合間にほかの敵対する大名と攻城戦を続けることになった。有岡城の戦いは約一年半、八上《やかみ》城は約九カ月続いたが、それは大坂本願寺攻めと同時並行して行っていたからだった。

秀吉は戦略の点で、あえて長期戦に持ち込んで攻城戦を展開した。三木《みき》城の戦い、鳥取城の戦い、備中《びっちゅう》高松城の戦いは、その典型である。特に、備中高松城の戦いでは、水攻めという前例のない戦法で勝利した。しかし、信長死後に天下人になった秀吉は、一転して戦い方を変える。それは、配下の大名を総動員し、数の力による短期決戦で圧倒したということになろう。

家康の攻城戦は関ヶ原合戦以降の戦いを取り上げたが、おおむね味方となる大名が指揮をして戦ったものである。中でも注目すべきは、真田丸の攻防だろう。徳川方の前田家などが真田丸を攻撃したが、その敗戦の理由は軍令違反によるものであった。これまでは、真田方の巧みな戦い方が強調されてきたので、新たな発見といえよう。

これまで攻城戦については、二次史料で語られたものが広く流布していた。しかし、二次史料は後世に成ったものであり、また多分に創作や誇張があると考えられるので、信が置けないという難がある。戦いそのものは二次史料でしか知り得ないこともあるが、最近は史料集の刊行によって当該期の一次史料が数多く紹介され、前後の軍勢の展開や政治情勢が明らかになっている、加えて、近年の城郭研究は目覚ましいものがあり、注目すべき発見も相次いでいる。

本書はそうした最新の研究を取り入れ、一般読者にわかりやすく、天下人の攻城戦を解説するものである。それぞれの章が独立しているので、どこから読んでいただいても結構である。本書を通して、天下人の攻城戦への理解を深めていただけると幸いである。

天下人の攻城戦　15の城攻めに見る信長・秀吉・家康の智略　目次

図版　株式会社アトリエ・プラン

⓬長谷堂城
⓭上田城
❿忍城
❾小田原城
0 50km

❼鳥取城
小谷城❶
⓫
岐阜城
❹八上城
三木城
❻
❽備中高松城
❸有岡城
❷信貴山城
❺大坂本願寺
⓮⓯大坂城

第一部

信長の攻城戦

第一章

小谷城の戦い――四年に及んだ北近江・浅井氏との死闘

太田浩司

戦国大名浅井氏の居城

滋賀県長浜市にある小谷《おだに》城は、戦国大名浅井氏の三代（亮政《すけまさ》・久政・長政）にわたる居城である。大永三年（一五二三）に守護京極《きょうごく》氏に跡目争いが起こり、その混乱のなか京極氏家臣だった浅井亮政が台頭し、国衆たちの盟主となり、まもなく小谷城を居城とする。

小谷城の築城を『東浅井郡志』第二巻では大永四年（一五二四）頃としている。明確な根拠はないが、この説は現在では広く受け入れられている。大永五年（一五二五）と推定される七月十八日付の朽木《くつき》稙綱《たねつな》宛「永田高弘書状」（「朽木文書」）に、「小谷城の攻撃について書状を拝見した」とあるのが小谷城の文献上の初見である。永田は南近江《おうみ》の六角《ろっかく》氏の家臣で、小谷城攻撃に参加していた。

大永年間（一五二一～二八）の文書と見られる五月十九日付の菅浦おとな宛「清水吉清書状」（「菅浦文書」）には、「大つくふしん（大嶽普請）」の文言があるので、当初の小谷城は現在知られる本丸などの主要部ではなく、小谷山の頂上である大嶽《おおづく》であった可能性が高い。さらに、最初の小谷城は大嶽を正面として、脇坂谷がある丁野《よおの》側（西側）が大手であったと見られ、後に清水谷《きよみずだに》がある伊部《いべ》側（南側）が大手となったと考えられる。

長浜市は令和二年（二〇二〇）三月に小谷城について『史跡小谷城跡総合調査報告書』（以下『報告書』と表記する）を発刊し、同城に曲輪《くるわ》総数一五二五、土塁総数三一、竪堀《たてぼり》・堀切《ほりきり》総数四〇を確認したと報告している。その曲輪総数から、全国的に見ても巨大な中世城郭であったと言えよう。なお、小谷城跡は昭和十二年（一九三七）に国指定の史跡となり、平成七年（一九九五）には麓の清水谷地区が追加指定となっている。

山上の七つの曲輪群

小谷城の山上の遺構は、AからGの七つの曲輪群に分けられる（「小谷城縄張図」参照）。

A　番所・茶屋・馬屋・桜馬場・広間・本丸（鐘丸）
B　中丸・京極丸・小丸・山王丸

C　六坊
D　大嶽
E　金吾丸・出丸
F　福寿丸・山崎丸
G　月所丸《げっしょまる》

これらが、麓の居住空間である清水谷を馬蹄《ばてい》形に囲んだ。A群とB群の間に大堀切があり、主要部はA群の本丸（鐘丸）の後背にB群がある二重構造の城郭である。A～C及びEは浅井氏が単独で築城したと見られ、DとF、それにGは、元亀《げんき》争乱以降に信長との戦いのために加勢した朝倉氏による改修が想定されている。朝倉氏の築城は、小谷城の支城である周辺の丁野山《よおのやま》城や中島城にも及んでいた。清水谷の入口にあった堀の外側には城下町が広がる（太田：二〇一一）。

戦国時代の山城は、山上に防御施設としての山城と、麓に居住施設としての居館という二元的構造となる。小谷城の場合は、A～C及びEが前者であり、清水谷が後者となる。

このうち、広間は小谷城の中で最も広大な曲輪で、曲輪全体から礎石建物が見つかっており、その名の通り巨大な御殿が構えられていたことが明らかとなっている。また、昭和

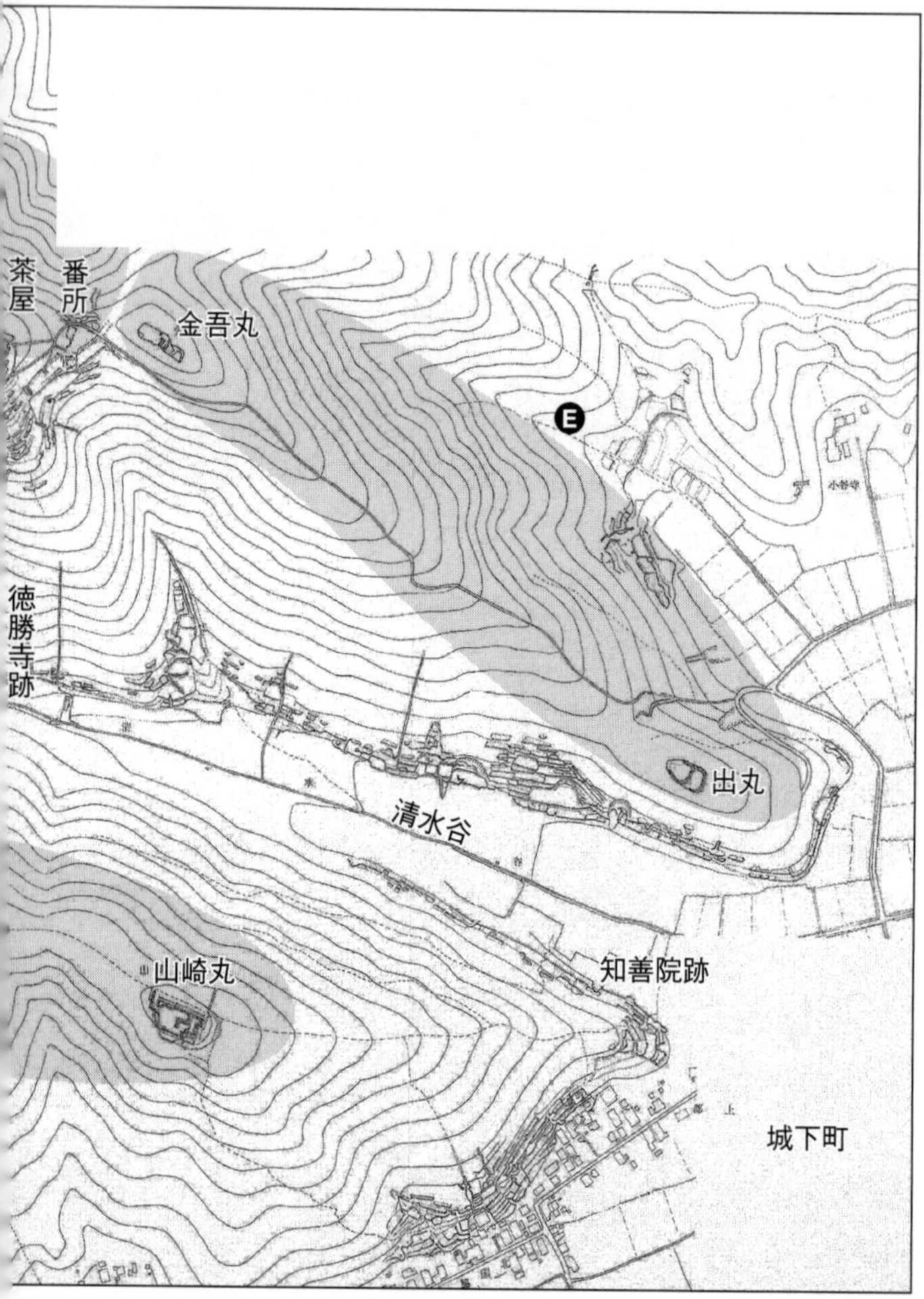
茶屋
番所
金吾丸
E
徳勝寺跡
出丸
清水谷
山崎丸
知善院跡
城下町

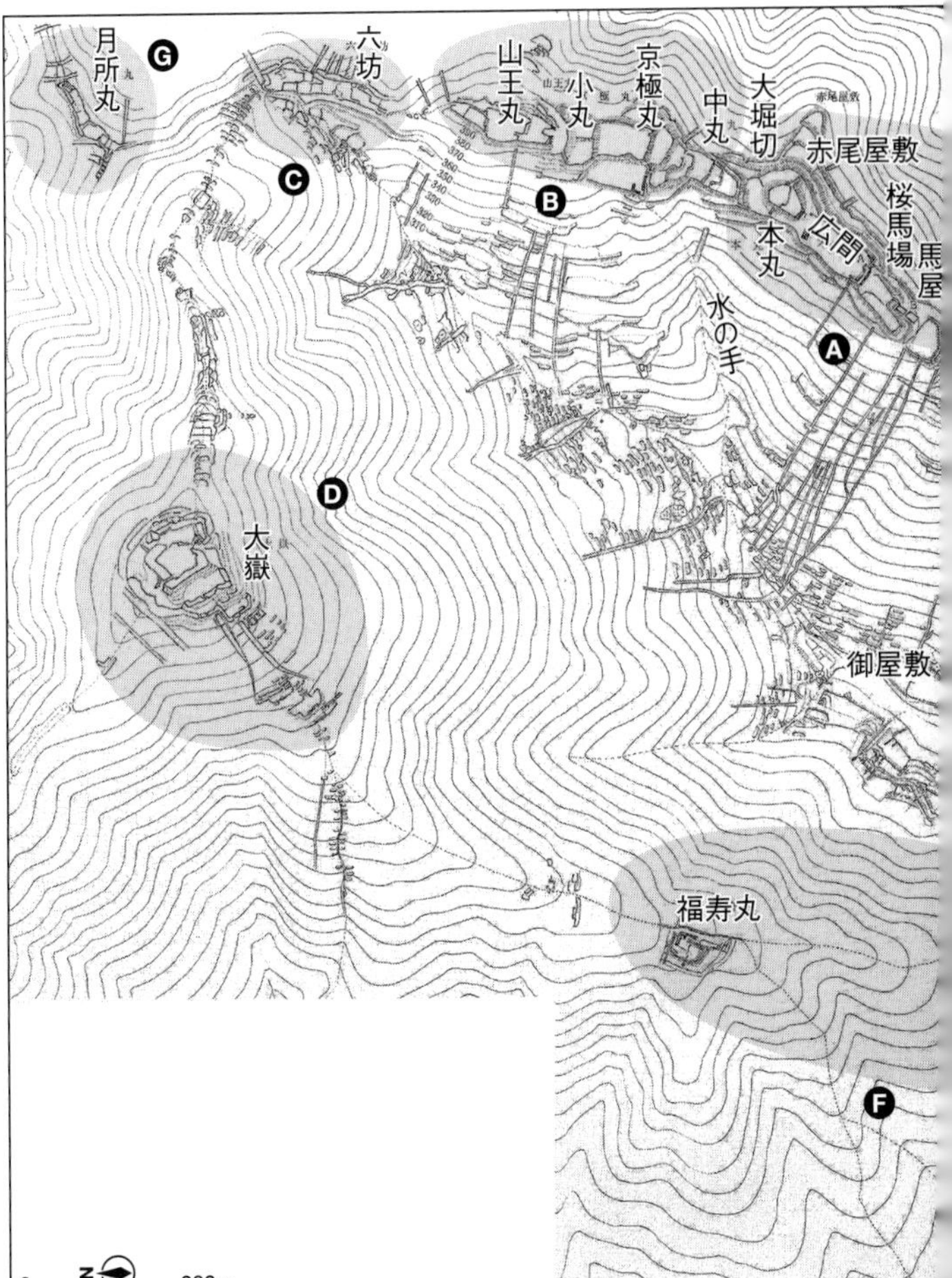

小谷城縄張図
滋賀県教育委員会『滋賀県中世城郭分布調査７』をもとに作成

四十五年（一九七〇）から同五十年（一九七五）にかけて行われた山上の遺構の調査においては、三万七〇〇〇点におよぶ膨大な遺物が出土しており、素焼きの土師器《はじき》皿やバンドコ（行火《あんか》）などの生活用具が出土している。

山下の清水谷の発掘調査は、昭和五十三年（一九七八）から平成三十年（二〇一八）まで行われたが、谷口において巨大な堀切、家臣団屋敷の区画、知善院の遺構が見つかっており、さらに最奥の浅井氏居館と推定される「御屋敷」においては、側面を石積みした溝や、建物の柱穴が確認され、確実に生活の跡が確認されている。遺物の量も三万七〇〇〇点と山上と同数が出土している。

ただし、出土遺物を詳しく見ると、陶磁器の出土数が山上については全体の四パーセントなのに対して、山下の清水谷は全体の二四パーセントに達している。

長浜市の『報告書』は、日常の生活は清水谷で行われたが、信長との戦闘が激しくなるなかで、元亀年間は山上での生活に移行した可能性を指摘する。特に元亀三年（一五七二）以降は、後述するように清水谷も信長軍が侵攻することになり、清水谷での生活は不可能になったと見るべきだろう。

姉川合戦、信長の近江侵攻へ

元亀元年（一五七〇）四月二十五日、織田信長は越前朝倉氏攻撃のため、敦賀《つるが》妙顕寺まで至り、徳川家康と共に手筒山《てづつやま》砦や金ヶ崎城を攻撃し落城させる。木ノ芽峠を越えて越前の嶺北《れいほく》地方、朝倉氏の本拠である一乗谷《いちじょうだに》に向けて進撃しようとしたが、浅井氏の離反を知り二十七日に、羽柴秀吉・明智光秀・池田勝正を殿《しんがり》に残して退却する。

秀吉らは金ヶ崎城で殿をつとめたと言われ、秀吉の「金ヶ崎の《の》退き口」として人口に膾《かい》炙《しゃ》するが、金ヶ崎城に秀吉らが籠もっていても、朝倉氏の信長軍への追撃を阻止することはできず、実際に殿を行ったのは敦賀の市街地、信長の本陣と伝える妙顕寺付近と推定する。

信長は朽木谷を通って三十日に帰京した。その後、近江国と伊勢国の境である千種《ちくさ》峠を越え、杉谷善住坊に狙撃されつつも美濃岐阜に帰った。さっそく、信長は岐阜城で近江侵攻の準備を整える。

浅井攻めの端緒となったのは、近江・美濃国境の長比《たけくらべ》（野瀬山）城と苅安尾《かりやすお》（上平寺）城を守る浅井氏の重臣堀秀村、その老臣樋口直房の誘降策であった。

両者を調略した信長は難なく近江に侵攻する。六月十九日のことであった。二十一日には小谷城を包囲する。信長は虎御前山《とらごぜん》に一夜を過ごすが、翌日の二十二日になって浅井方の猛攻にあう。簗田《やなだ》広正・中条家忠《ちゅうじょういえただ》・佐々成政に殿を任せ、一時は弥高《やたか》（米原市弥高）まで退却する。その後、二十四日には浅井方の城である横山城を包囲し、二十八日には姉川合戦となる。

織田信長と徳川家康の連合軍は、浅井長政と朝倉景健《かげたけ》の連合軍に勝利したと言われるが、実態は浅井長政の織田信長本陣への奇襲攻撃であり、徳川家康軍も朝倉軍の退却を後から攻撃したのみと見る（太田：二〇一六・二〇二二）。

元亀元年「志賀の陣」

姉川合戦後の元亀元年（一五七〇）七月一日、浅井氏重臣の磯野員昌《かずまさ》が籠城する佐和山《さわやま》城（彦根市）を織田信長軍が包囲する。員昌は姉川合戦後、坂田郡の南部を流れる天野川《あまのがわ》流域の地侍たちを引き連れ同城に籠城していた。この佐和山城が死守されている限り、浅井氏は小谷から佐和山に至る湖上交通を掌握していたと見られる。そのため、信長軍は秀吉に守らせた横山城から、前線を小谷城に向かって北に進めることが困難であった。

磯野員昌は援軍がないなか佐和山城を死守するが、翌元亀二年二月になって信長軍に開城する。佐和山を取ったことは、信長の小谷攻めを断然優位にした。

信長は元亀元年九月から、近江比叡山周辺の青山・壺笠山《つぼかさやま》に立て籠もる浅井・朝倉軍と、十二月に和睦が成立するまで対峙《たいじ》した。「志賀の陣」と呼ばれるこの戦いでは、本願寺・一向一揆が蜂起する一方、長島一向一揆との戦いも続行しなければならず、信長は苦しい状況に追い詰められた。結局、両軍は将軍・朝廷の講和を受け入れ、十二月十三、十四日頃に、この戦いはようやく終結している。

前線基地としての横山城

姉川合戦の後、小谷城の支城である横山城にいた浅井氏家臣の上坂、三田村、野村肥後は退出し、信長の命により秀吉が定番（城番）として入っていた。秀吉の墨俣《すのまた》一夜城築城の事実が疑われるなか、秀吉が城主の座についたことが確実である最初が、この横山城であった。元亀元年（一五七〇）六月二十八日のことである。

同年八月二十四日に、秀吉は坂田郡大原庄にあった観音寺（米原市朝日）の僧たちに対して、寺へ帰って居住することを許し、寺領も安堵する旨、文書をもって知らせている。

六月二十八日に姉川合戦があり、その前の二十四日から横山城は信長軍によって包囲されていた。その状況下では、横山城の東麓にある観音寺は、僧たちが住めない状況となっていたと見られる。

姉川合戦直後から横山城に入った秀吉が、事態の収拾が一段落ついた約二カ月後に、観音寺の住僧に還住《かんじゅう》を勧め、戦乱で荒廃したと考えられる同寺の所領を保護する方針を伝えたものと見られる。秀吉は対浅井戦に対して、服属した者には宥和策で臨むが、観音寺に対する還住許可は、その先駆けとして注目すべき事例だろう。また、横山城主としての秀吉の姿を知ることができる初見文書としても貴重である。

元亀二年（一五七一）二月二十五日、開城した浅井方の城・佐和山城の付城《つけじろ》の道具を、小谷城付城の普請資材とするので取り集めるよう、信長が秀吉と樋口直房へ命じている。この小谷城付城とは、横山城のことと考えていいだろう。

横山城は南北に主郭が二つある城郭として知られているが、北部の横山山頂の主郭が浅井氏時代のもの、南部の細長く土塁が廻らされた主郭が秀吉時代のものと考えられている。この時に秀吉に預けられた道具は、この南部の曲輪を修築するのに使われたものと考えられる。

また、『総見記』には、元亀三年（一五七二）正月、秀吉が岐阜城へ年始の挨拶に行っている間に、浅井氏はその家臣浅井井規《いのり》や赤尾清冬を差し向けて、横山城を攻撃したという記事が見えている。この時、浅井方の野一色《のいっしき》助七（後の頼母《たのも》）は、横山城兵の苗木佐助を討ち取り、加藤光泰を負傷させた話を載せている。苗木は東美濃の遠山一族と推定され、加藤光泰も美濃多芸《たぎ》郡の出身の武将である。

浅井軍の猛攻は、同じく美濃不破《ふわ》郡出身の竹中重治（半兵衛）によってくいとめられたが、この『総見記』の記述からも、横山籠城衆として美濃国の武将が多くいたことが確認できる。こういった人々は、最初は信長から与えられた秀吉の寄子《よりこ》であるが、美濃国の武将から見れば秀吉は寄親《よりおや》であった。やがて、彼らは長浜城主となった秀吉の許《もと》で家臣化していくものと見られる。

箕浦合戦と湖北一向一揆

元亀二年（一五七二）五月六日、浅井長政に与《くみ》する湖北一向一揆と織田信長の最大の戦いが坂田郡南部を流れる天野川《あまのがわ》岸の箕浦《みのうら》（米原市箕浦）周辺で展開した。『信長公記』によれば、長政は姉川まで進出、秀吉が守る横山城へ押さえの将兵を配置し、一族の浅井井規《いのり》を足軽大将として五〇〇〇の兵を付け、鎌刃城《かまのはじょう》（米原市番場）の周辺に放火させた。鎌刃城は浅井軍から織田軍に寝返った堀・樋口氏の居城である。

一方、同じく『信長公記』によれば、秀吉は浅井方が箕浦方面に先兵を遣わしたことを知り、「敵方に見えないように」というから、おそらく横山城の東を回って、堀・樋口の軍と合流したとある。この時の信長方の秀吉・堀・樋口の連合軍の人数は、五〇〇〜六〇〇人であったとも記す。これに対し、浅井方の一向一揆の軍の兵数は五〇〇〇人に及んだという。

秀吉・堀・樋口の連合軍は、下長沢（米原市長沢）で一向一揆と浅井氏の連合軍と激突、戦況は南から秀吉らが攻め、北に追いやられた浅井・一向一揆軍がこれを防ぐ形となった。浅井・一向一揆の軍は、信長軍を防ぎきれず、「さいかち浜」（長浜市下坂浜町）まで後退、そこに集結したところを、秀吉軍が攻撃をしかけ凄惨《せいさん》な戦いが展開する。敗れた浅井・一向一揆の軍は、八幡《はちまん》（現在の長浜市の市街地周辺）まで退却する。これを見た浅井長政は、姉川まで進出していたが不利を覚って小谷へ撤収した。

この合戦の状況は、徳山右衛門尉に宛てた、五月十一日の秀吉書状（長浜市長浜城歴史博物館蔵）でも確認することができる。そこでは、五月六日に浅井方が鎌刃表へ出陣して来

北近江の元亀争乱関係図
太田浩司『近世への扉を開いた羽柴秀吉』をもとに作成

たので一戦を遂げ、箕浦・八幡まで追撃、八幡から反撃してきたところを三度まで撃退、「首を取り、其《そ》の外悉《ことごと》く海へ追い入れ、太利を得候《えそうろう》」と秀吉は記す。浅井軍を琵琶湖に追い詰め、溺死させたと記しているのである。

『信長公記』では一向一揆軍を「五千ばかりの一揆」と記述するのみで、秀吉書状では浅井軍と戦ったとのみしか記さず、この戦いが浅井氏に与する一向一揆との対決であったことは、良質な史料には明確に表れない。しかし、北近江地域の真宗寺院に残る所伝を総合すると、この箕浦合戦は蓮如《れんにょ》以来、北近江に浸透した真宗信仰を背景に形成された門徒集団と、信長との最大の合戦であった。

この後、真宗門徒からなる一向一揆は、浅井長政との共闘のみでは事態を打開できず、武田信玄の近畿地方への出馬を期待せざるを得ないほど（「嶋記録」所収文書）、信長軍への劣勢を強いられ、壊滅へと向かっていく。

浅井氏の防御ライン

元亀二年八月二十六日、信長は小谷城と山本山城の間の「中嶋」というところに陣をおき、足軽を派遣して、余呉《よご》・木之本の周辺を焼いている。この兵は、翌日横山城に帰陣しているので、秀吉もこの作戦に関わっていた可能性が大きい。

「中嶋」は、おそらく小谷城の西にある丁野付近を指すのではないかと推定される。丁野山城の南に続く丘陵には、中島城と呼ばれる陣城が存在した。ここで、『信長公記』が「小谷城と山本山城の間は五十町（約五・五キロ）も離れていない」と記述しているのは重要である。その間に信長が野陣を布《し》いたというのだが、この二城を結ぶ線が浅井氏の防御ラインであった。その分断こそが北部（余呉・木之本）への進出には不可欠な作戦と考えられていたことが読み取れる。

二年後の元亀四年八月八日、この山本山城の阿閉貞征《あつじさだゆき》の降伏が原因で、小谷城内に混乱が生じ、落城に至った事実を考えれば、この防御ラインが浅井氏にとって、いかに重要であったかを認識させられる。話を戻すと、元亀二年九月十二日に叡山焼き討ちが行われた。

元亀三年（一五七二）に入ると、秀吉を最先鋒とする信長軍の浅井氏関係城郭や寺社への攻撃は激しさを増すことが、『信長公記』に記される。信長は三月六日には岐阜城から横山城に至り、翌日、前年八月二十六日と同様に浅井氏の本城・小谷と、支城・山本山の間に陣をおいて、余呉・木之本まで放火を行った。今回も陣をおいたのは、「中嶋」であろうか。

同年七月二十一日、信長は小谷城周辺の雲雀山《ひばり》・虎御前山に全軍を進め、佐久間信盛《さくまのぶもり》・柴田勝家・木下秀吉・丹羽長秀・蜂屋頼隆に、小谷城の浅井氏居館の奥から京極丸に上がる「水の手」まで攻撃を行わせている。この時点で、小谷城清水谷は、信長・秀吉軍に制圧され、浅井氏は小谷山々上の曲輪に籠城せざるを得なくなったと推定される。

さらに、翌日には柴田勝家や美濃衆を小谷城の押さえに残し、秀吉に山本山城の攻撃を命じ、城から出て来た敵兵五〇人を討ち取っている。二十三日には、余呉地域や木之本浄信寺（木之本地蔵）を焼き払っており、「堂塔伽藍・名所旧跡一宇《いちう》も残らず焼き払った」とあるので、浅井領国北部の伊香《いか》郡域の寺院が多く被害を受けたものと見られる。伊香郡域には、信長の兵火によって避難を余儀なくされた、あるいは破損したという観音像が今も多く伝来するが、前年以来の余呉・木之本への焼き討ちの時の話を伝えているのだろう。

七月二十四日、信長は浅井寄りの行動を取る浅井郡の山岳寺院・大吉寺《だいきち》（長浜市野瀬町）の攻撃を、秀吉や丹羽長秀に命じている。夜中に寺の背後から襲った攻撃であったという。大吉寺には比叡山と同じく天台僧が籠もり、一向一揆軍も立て籠もっていたようで、秀吉・長秀の攻撃で多くが切り捨てられる修羅場と化した。また、同じ日には林員清《はやしかずきよ》・明智光秀、それに堅田《かたた》衆によって、竹生島が圧倒的な大筒・大砲をもって攻撃されている。

火打ち袋で残った書状

ところで、坂田郡下坂中村（長浜市下坂中町）の土豪・下坂家に伝来する、三月十四日付の「下坂一智書置《かきおき》」は、小谷城攻防戦の一端をよく伝える。この一智は四郎三郎正治といい、浅井長政に仕えた武将で、没年は元和《げんな》八年（一六二二）五月八日とされる。その書置は江戸時代に入ってから、一智が「ひ孫」にあたる下坂久左衛門に宛《あ》て、小谷籠城の最中に長政から与えられた一通の宛行状《あてがいじょう》の伝来について語ったものである。

この書置と共に久左衛門に見せた長政からの宛行状は、小谷城に入った時に与えられたもので、自らの「火うち袋」（戦時に携行する火打道具入れ）に入れておいたので残ったと記している。長政からもらった他の書状は、元亀三年（一五七二）の籠城戦のなかで、小谷城の山崎丸から清水谷「水の手」へ移動する時、持たせていた家臣が討死したために紛失したとも記す。山崎丸から「水の手」に移動するという記述から、『信長公記』の同年七月二十一日の記述にあったように、この時期には清水谷が両軍の攻防の場所になっていたことが確認できる。

なお、「火うち袋」のおかげで残った一通は、元亀三年五月十七日付で、下坂正治宛の浅井長政の所領宛行状で、下坂庄公文職《くもんしき》と河毛《かわけ》次郎左衛門知行分を、仮に正治に与えたことを記しており、長浜市指定文化財「下坂家文書」中に今も現存している。下坂氏の屋敷跡は、現在も長浜市下坂中町に所在しており、国指定史跡となり、十二月から二月を除き、毎土日・祝日に一般に公開されている。

虎御前山城の築城

元亀三年（一五七二）八月八日に至り、小谷城前の丘陵である虎御前山に、信長が七月二十八日に構築を命じた城が完成した。『信長公記』は、この虎御前山城について「数ある砦の中でも、琵琶湖を見渡すその景色、頑強なる城普請の模様、これ以上はない素晴らしい場所」と最大の賛辞を送る。

横山城から虎御前山城までの姉川北部の兵站《へいたん》を確保するため、この城から南東約二キロにある宮部《みやべ》までの間、信長は軍道を建設する。その道幅は三間半（約六・三メートル）、敵方すなわち道の東北に高さ一丈（約三メートル）、長さ五十間（約九〇メートル）の築地塀《ついじべい》と、その外側に水堀を配したという。この軍道の痕跡は、今も長浜市宮部町に、条里制を無視した田地を斜めに貫通する道として存在する。

信長はこの虎御前山城の定番として秀吉を配した。現在数種残る虎御前山城の絵図では、いずれも秀吉陣所を最も小谷城に近く、防御性が高い曲輪においている。秀吉を虎御前山定番に配したことは、浅井攻めの最前線を横山城から虎御前山城に移したことの表れであるが、宮部までの軍道も秀吉の管理となった。

元亀三年十一月三日、小谷城の浅井長政が、この軍道に面した築地塀を破壊すべく、浅井井規を派遣させた秀吉の軍によって撃退されている。これは秀吉が軍道をも管理していた事実を裏付けるものであろう。翌年八月、信長と秀吉は浅井氏の本拠・小谷城の最終的な攻撃に入る。

北の搦手・焼尾からの攻撃

元亀四年（一五七三）に入り、『信長公記』によれば八月八日、山本山城の守将阿閉貞征・貞大《さだひろ》の親子が信長に降伏し、山本山城―中島城―小谷城で守ってきた防衛ラインが崩れる。これによって、小谷城は四方から、特に北側の搦手《からめて》・焼尾《やけお》からの攻撃が可能となり孤立する。

信長はこの機を逃さず総攻撃に入る。浅井氏は、朝倉義景の来援をみていたが、十二日には浅見対馬守が守備していた小谷城北の焼尾、それに朝倉軍が籠もっていた小谷山頂上の大嶽が陥落した。十三日には同じく朝倉軍が入っていた丁野山城も落城する。

ここで、小谷城の曲輪名としては、「大嶽」と「焼尾」が登場する。「大嶽」については、朝倉義景の家臣である斎藤民部丞・小林吉隆・西方院が入っていたが、織田軍による攻略後は、織田方の美濃衆である塚本小大膳《こだいぜん》・不破光治・丸毛《まるも》光兼が入ったことが知られる。

「焼尾」については、小谷籠城中に(『信長公記』には「近年」とある)、浅井久政によって構築されたとされる。久政は小丸を居所としていたと言われるので、六坊に至る搦手の防御を固めるために造られた曲輪と判断できる。「焼尾」の場所は現在不明とされるが、近代になって発見・命名された「月所丸」が、「焼尾」に相当する可能性も指摘しておきたい。

小谷周辺の諸城や城内の曲輪が、次々と陥落する中、浅井側には信長側へ降参する者も続出する有様であった。十三日には「刀根坂《とねざか》の戦い」で大敗した義景は越前に向かって退却、二十日には越前大野で自刃、浅井氏と信長の敦賀攻め以来共同歩調を取ってきた朝倉氏は滅亡する。これで小谷は孤立無援、四面楚歌《しめんそか》の状況に陥った。

浅井長政の感状

そうした中、長政は小谷籠城中の家臣たちに、何通かの感状を与えていることが知られている。その中でよく知られた文書として、落城十二日前の八月十八日に長政が、坂田郡宮川村（長浜市宮司町）の土豪・垣見氏へ与えた書状がある。

まず、「籠城」に対して「感謝しきれない」と謝辞が記される。その上で、「今村跡」や「小堀左京亮《さきょうのすけ》跡」など四カ所が宛行われている。小堀左京亮は江戸初期の茶道や作事奉行として有名な小堀遠州の一族と見られる。しかし、浅井氏はこの直後に滅亡するので、この宛行状は空証文《からしょうもん》となった。

さらに、近代を代表するジャーナリストとして著名な徳富蘇峰《そほう》のコレクション・成簣堂《せいきどう》文庫には、「浅井長政最期の感状」と言われる書状が伝来している。九月一日の長政自刃の前日に当たる八月二十九日に出されたもので、宛名は片桐且元《かたぎりかつもと》の父・孫右衛門尉直貞である。

文中には「落城寸前のなか、この丸一つだけ残った」とあり、長政自刃の前日の段階で、小谷城は本丸のみになっていたことを示す。そして、他の家臣は離反して城を去る中、籠城を続ける片桐直貞の忠義をたたえる。「皆々城から抜け出で」の言葉は、多くの家臣に裏切られた長政の無念を察して余りある。この文書の大きさは、縦九・八センチ、横二三・三センチで、通常の文書と比較して異例な小片に記されている点も、落城時の混乱を彷彿《ほうふつ》させる。小谷落城を如実に物語る文書である。

小谷城の最終攻撃

天正元年（一五七三）八月二十九日、直前の七月までに「羽柴」と改名していた秀吉は、織田信長の命に従い、小谷城最終攻撃に入る。大手の清水谷を通り、「水の手」を斜めに駆け上がり京極丸を急襲した。足かけ四年間に及んだ浅井氏との戦いも最後の時を迎えたのである。

虎御前山城の本陣を出て、京極丸に達した秀吉は、城の後方に向かって進み小丸にいた浅井長政の父・久政を自刃させる。久政は享年四十九。久政を介錯したのは、幸若舞《こうわかまい》の演者として知られた鶴松大夫であった。鶴松も追腹《おいばら》した後、そこに乗り込んだ秀吉は久政の首を持ち、虎御前山の信長の許《もと》まで運んで首実検に臨んだ。

翌日は九月一日。信長自身が京極丸へ上がり、今度は前方を攻撃、本丸下にあった赤尾屋敷に籠もった浅井長政と、その重臣・赤尾清綱を自刃に追い込んだ。長政は享年二十九。この攻撃にも、秀吉は参加していたと推定できる。

浅井親子の首は京都に送られ、獄門にかけられた。この首が翌年の正月、信長の馬廻衆との宴席に、朝倉義景の首と共に薄濃《はくだみ》にされ出されたのは有名な話だ。しかし、時代劇などよく描かれる薄濃に酒をついだという話には根拠がない。酒宴で敬意をもって飾られたのみであろう。浅井長政の子息・万福丸も捕縛され、関ヶ原で処刑された。わずか十歳であった。

この浅井氏攻めの功により、秀吉は信長から浅井氏旧領を拝領し、領地宛行の朱印状を得る。その浅井氏旧領の要《かなめ》として、秀吉は当時「今浜」と呼ばれていた長浜を選んだ。長浜城主・秀吉の誕生である。信長の足かけ四年間に及ぶ浅井氏攻めは、こうして終了した。

〔主要参考文献〕

太田浩司『浅井長政と姉川合戦――その繁栄と滅亡への軌跡』（サンライズ出版、二〇一一年）
同「姉川合戦と戦場の景観」（渡邊大門編『信長軍の合戦史』吉川弘文館、二〇一六年）
同『近世への扉を開いた羽柴秀吉――長浜城主としての偉業を読む』（サンライズ出版、二〇一八年）
同「姉川の戦い」（渡邊大門編『徳川家康合戦録――戦下手か戦巧者か』星海社新書、二〇二二年）
長浜市市民協働部歴史遺産課編『史跡小谷城跡総合調査報告書』（二〇二〇年）

第二章　信貴山城の戦い——松永久秀・久通父子の最期

片山正彦

古来からの要衝

信貴山《しぎさん》城は、大和国と河内《かわち》国を分かつ生駒《いこま》山地南部の信貴山に築かれた。平野部から離れているが、付近には古代山城の高安城《たかやすのき》や聖徳太子所縁の朝護孫子寺《ちょうごそんしじ》があり、古代以来の要衝として知られている。河内国と大和国を結ぶ主要街道の「信貴路」が中世に整備され、陸上交通の便もよくなった。信貴路は、大和国勢野《せや》から河内国教興寺へ通じ、城の南側の南畑を経由する東西ルートだった。

近辺には、信貴山城の支城の高安山城が北西約一キロ地点に、南畑ミネンド城が南西約一キロ地点に、そして南東約二キロ地点に立野城がある。信貴山城の城郭の遺構は、標高四三四メートルの雄岳を中心として東西六〇〇メートル・南北八八〇メートルに広がっている（中川：二〇一七）。

同城は南北朝時代に南朝方の楠木正成が本拠とした要衝であり、近くの高安山には大和朝廷が白村江の戦いで敗北した際、唐・新羅軍の反撃があると予想し、高安城が築かれた。天智《てんじ》三年（六六四）頃、すでにこの周辺は軍事的に大きな意味があったと考えられる（戦国合戦史研究会編：一九八九）。

松永久秀はなぜ信貴山城を選んだのか

高安山のすぐ東にそびえる信貴山に、河内国畠山政国《はたけやままさくに》の家臣木沢長政《きざわながまさ》が信貴山城を築城したのは、天文《てんぶん》五年（一五三六）のことだ。木沢長政は管領細川晴元に対抗しつつ、河内・和泉両国を奪おうとしていた。

天文十年（一五四一）十一月、河内・大和国衆を率いた木沢長政は摂津《せっつ》国原田城（大阪府豊中市）を攻撃したが、長政は不利を悟りいったん河内に撤退した。翌十一年、高屋城（大阪府羽曳野《はびきの》市）の遊佐長教《ゆさながのり》が旧主畠山稙長《たねなが》を擁立して、長政との戦いに臨んだ。長政は居城の飯盛山城（大阪府四條畷《しじょうなわて》市）だけでなく、信貴山城・二上山城でも畠山稙長・三好《みよし》範長《のりなが》（長慶）らと交戦した。

天文十一年三月十七日、木沢長政が飯盛山城を出陣すると、三好範長・遊佐長教軍と河内落合上畑で戦った（太平寺の戦い）。結果、木沢方が敗れ、長政は信貴山城に逃走する途中で三好軍に襲われ、無念にも討死した。天文十一年三月二十七日、三好・遊佐軍によって信貴山城は焼かれたのである（戦国合戦史研究会編：一九八九）。

永禄二年（一五五九）八月、松永久秀らが率いる三好勢は、大和攻めを本格的に開始した。翌三年（一五六〇）十一月、久秀は大和国宇陀《うだ》郡まで軍を進め、大和国内の諸城を次々と落城させると、同月に信貴山城を本拠に定めた。

久秀は、多数ある城郭の中からなぜ信貴山城を本拠に選択したのだろうか。『足利季世記』には「松永一国平均ニ治メテ信貴城ニ居城シケル、是ハ木沢左京亮長政カトリ立シ城ト聞エケル」とあり、当時の信貴山城は木沢長政の城という印象が強烈にあった。また、天文年間の信貴山城は、大和国支配における武家の政治・軍事の要地だった。同地は戦国期における重要な拠点城郭としての意義があったので、久秀は周囲に長政に代わる新たな大和国支配者であることを認識させるため、信貴山城への入城は必要な行為だったと評価される（中川：二〇一七）。

永禄四年に久秀が多聞山《たもんやま》城へ移ると、筒井氏や三好氏との間で信貴山城の争奪戦が行われた。永禄六年、信貴山城は一時的に筒井氏の拠点となり、「筒井殿」が信貴山に入城したことが確認できる（『享禄天文之記』）。一方、久秀は信貴山城を奪還すべく準備を進め、五月二十四日に攻め込んだ。この戦いの結果、松永氏は信貴山城を奪うことに成功した（中川：二〇一七）。

永禄十一年、松永久秀・三好義継《よしつぐ》は足利義昭を推戴し、足利義栄《よしひで》を戴く三好三人衆と戦った。永禄八年から十一年にかけて、久秀は多聞山城に何度も籠城し、三好三人衆や筒井方と交戦した。そのような状況下において、三好康長は信貴山城を攻撃し、その周囲に付城《つけじろ》を築いて攻囲したのである。

当時、信貴山城には松永家臣に加えて、三好三人衆と敵対する義昭派の細川藤賢《ふじかた》も籠っていたが、六月二十九日に本願寺の調停で大坂へ退去し、三好三人衆へ城を明け渡したのである（『細川両家記』、『足利季世記』など）。しかし、同年九月に義昭が織田信長とともに上洛し、畿内から三好三人衆を追放すると、久秀は義昭からの援軍により大和各地を転戦する。その過程で信貴山城は、いったん久秀に奪還されたと考えられる（中川：二〇一七）。元亀《げんき》元年（一五七〇）七月、松永久秀・久通《ひさみち》父子は三好三人衆を討つため信貴山城に出陣した。同年九月には、三好義継と久秀が本願寺・三好三人衆を迎え撃つため信貴山城に移った。

元亀二年五月、久秀・久通と家臣の四出井《しでい》家武が信貴山城に軍勢を進めた。同年六月、久秀と三好義継・四国衆は、約一万三〇〇〇の兵で信貴山城から箸尾《はしお》郷へ出陣した。同年八月には久秀・義継が一三〇〇の軍勢を率いて信貴山城より出陣し、辰市《たついち》城を攻撃するが敗北を潔した。筒井平城・川合城の松永方在番衆が信貴山城に撤退したこともあったので、この時期には松永氏による河内国や国中への大規模な戦闘が繰り返し行われ、信貴山城は松永方の中心的な軍事拠点として機能したと考えられる（中川：二〇一七）。

多聞山城開城

元亀四年（一五七三）二月、足利義昭が織田信長との関係が決裂すると、松永久秀・久通父子は信長と対決姿勢を見せた。同年五月、義昭は大和国衆の岡周防守《おかすおうのかみ》を通じて、武田信玄に信長を討つべく上洛を求めると、信玄は快諾の旨を返事した（「武州文書」など）。

しかし、すでに信玄は四月十二日に死去しており、信玄の上洛は実現しなかった。その後、義昭は信長方との攻防を繰り広げ、七月には山城国槇島《まきしま》城（京都府宇治市）で応戦したが、十八日に落城し、義昭は河内若江城に追放となった。義昭の敗北により、久秀は窮地に立たされることとなる。

天正元年（一五七三）十月二十一日、信長は本格的に多聞山城を攻撃するため、賀茂惣中に筒井順慶《じゅんけい》と相談して多聞山城の周囲に付城を築くよう命じた。十一月四日、三好義継が若江城で家臣に裏切られると、佐久間信盛《さくまのぶもり》らの攻撃を受け、義継は十六日に自害して果てた。久秀は窮地に陥ったので、ついに子の久通とともに降伏したのである。

十一月二十九日、信長は佐久間信盛に①多聞山城の引き渡し、②久通の信貴山入城、③松永支配下の山城国一部（相楽《そうらく》郡周辺）を召し上げるよう命じた。そして、①大和知行方の整理、②久通の惣領子を人質とすること、③久秀が詫びを入れることを条件に許す旨を伝えた（「赤木康夫旧蔵文書」）。

十二月二十六日、松永方が多聞山城を信長方へ明け渡すと、同城には信長方の部将が入った。久通は約束を守り、嫡男の春松を人質に差し出すと、信貴山城へ入城したようだ（『尋憲記』）。多聞山城が開城したので、松永氏による大和支配は終焉を迎えた。

翌天正二年一月二十日、久通は岐阜城の信長を訪ねると、お礼として不動国行の刀等を献じ、以後の忠誠を誓約した（『尋憲記』）。十二月二十四日、久秀は出家して「道意」と名乗ったのである（『多聞院日記』）（金松：二〇一七）。

多聞山城の破却

その後、久秀の動向はしばらく不明となり、表立った動きはみせていない。

『多聞院日記』天正三年（一五七五）三月二十五日条には、去る二十三日に「塙《ばん》九郎左衛門尉」（原田直政）が当国（大和国）の守護に定められたらしいとあり、大和の支配は信長の家臣であった塙直政に委ねられることとなった。『多聞院日記』同年五月三日条には、十市《とおち》郷について三分一が直政、三分一が松永、三分一の内の半分が常州・半分が後室に分配されたことが記されている（片山：二〇一七）。

七月二十五日、久通は龍王山城（奈良県天理市）で、十市後室の娘御なへと結婚した（『多聞院日記』）。十一月十三日、久通は筒井派の十市常陸介《ひたちのすけ》の居城十市城（奈良県橿原市）を攻撃し、さらに柳本城（天理市）を落城に追い込んだ。翌天正四年二月、久通は森屋城（奈良県田原本町）を落とすと、三月五日には十市城に攻め込んだのである。

同じ頃、二十一日に直政は十市城を受け取り、十市常陸介は河内に移動した。直政は久通から攻められていた常陸介を十市城から追い出したので、久通の十市常陸介への攻撃は、直政による命令の可能性が指摘されている。以上の一連の動きから、この時点で久通は龍王山城を居城とし、久秀は信貴山城を居城にしていたと推測される（金松：二〇一七）。

天正四年五月三日、久通は信長方として大坂本願寺攻めに参加するが敗れ、直政が戦死した。七日、久秀と久通は佐久間信盛に属し、天王寺の付城に入った。『多聞院日記』天正四年五月十日条には、直政に代わって筒井順慶が信長より大和一国一円の支配を委ねられたことが記されている（片山：二〇一八）。この時、興福寺の多聞院英俊は、「これが事実ならば、寺社にとって大変喜ばしいことだ」と記している（『多聞院日記』）。

その後、信長の意向によって多聞山城が破却され、久通は「タモン山家壊奉行」を担当した（『多聞院日記』）。久通は城の破却を順慶と行い、閏《うるう》七月には終えたようだ。同城は父の久秀が築城し居城としたので、同城の破却は、松永父子が信長を裏切った要因の一つとなったと捉える研究者もいる（金松：二〇一七）。

信貴山落城

このころ信長は加賀国にも侵攻していたが、羽柴秀吉が総大将の柴田勝家と衝突して引き揚げたというエピソードが知られている。『武功夜話』では対立の原因として、①勝家がわざと秀吉を後軍に回して、手柄を立てさせないようにしたこと、②畿内で松永久秀が不穏な動きを見せているのを秀吉が察して、退却を進言したのに勝家が聞き入れなかったこと、が挙げられている。この話は信用できないが、松永久秀が信貴山城に籠もって信長に謀叛《むほん》したのは事実である（谷口：二〇〇二）。

天正五年（一五七七）八月十七日、久秀・久通父子は天王寺の付城の定番として置かれていたが、信長に背き信貴山城に立て籠もった（『信長公記』）。信長の側近である松井友閑が説得に赴いたが、久秀は面会を断わり、これに応じなかった（『信長公記』）。

松永氏の謀叛は、上杉氏や本願寺と密通して行われたという説があるが、その根拠は推測や信憑性《しんぴょうせい》の低い後世の軍記物語であり、事実か否か確定しなかった。しかし、「（天正五年）十月十一日付下間頼廉《しもつまらいれん》書状」（「本願寺鷺森《さぎのもり》別院文書」「真宗諸寺文書」）によると、本願寺は松永氏と協力して軍事作戦を実行し、毛利・上杉氏などの諸勢力と連携するなど、計画的な軍事行動だったことが指摘されている（中川：二〇一七）。

松永氏の説得が失敗に終わると、信長は久秀と関係が深い大和国衆の岡周防守に対して、「松永氏に協力すれば同罪である」と警告した（「屋代氏所蔵文書」）。

九月二十九日、信長は信貴山へ軍勢を派遣した。十月一日、松永方の森・海老名氏は片岡城に立て籠もっていたが、信長方の細川藤孝《ふじたか》・明智光秀・筒井順慶等に攻められ、無念

信貴山城攻防図（天正５年10月）
戦国合戦史研究会編『戦国合戦大事典　第四巻』をもとに作成

にも討死した。森・海老名氏が松永方に味方したことからもわかる通り、まだ大和国衆に対していくらかの影響力があったと推測される（谷口：二〇一〇）。

十月一日、久通配下の柳本衆と黒塚衆が「調略」により内部で分裂し、柳本衆は松永一族とみられる「金吾」なる人物を自害させた（『多聞院日記』）。松永一族とみられる「金吾」なる人物が久通なのか、久秀の甥なのか、いまだ定説はない。

十月二日、織田信忠《のぶただ》の軍は西京薬師寺十番院に陣を置くと、翌三日に信貴山城を攻撃し、その城下と信貴山毘沙門堂を焼き払った（『信長公記』など）。

同五日、信長の人質だった久通の十二歳・十三歳になる二人の息子が見せしめに京中を引き廻され、六条河原で自害して果てた（『信長公記』）。『兼見卿記』によれば、そのうちの一人は、松永孫六（久秀の甥）の十四歳の息子だったという（金松：二〇一七）。

九日には、信長方は周囲の小屋、南の雌岳を焼き払った。十日、久秀は信忠・佐久間盛政らの夜攻めで追い詰められ、信貴山城でついに自害した。十年前のこの日が三好三人衆との交戦で東大寺大仏が焼けた日であり、久秀の自害もそれと同時刻だったこと、村雨が翌朝に降ったのも同じ出来事だったので、「奇異ノ事也」とその偶然に驚いた様子がうかがえる（『多聞院日記』）。久秀は自害したので、享年七十でその生涯を終えることになった（金松：二〇一七）。

天正五年の落城後、信貴山城は使用された様子がないので、そのまま廃城になったと推測されている（中川：二〇一七）。

久秀の最期と平蜘蛛

久秀の最期について、諸史料にはどのように記されているのだろうか。

『信長公記』には、久秀が信貴山城の天守に火をかけて焼死したと記されている。『多聞院日記』には、松永父子が腹を切ったうえで自ら城に火を放ったと書かれている。『信長公記』は織田信長の右筆太田牛一《おおたぎゅういち》の著作で信長の一代記、『多聞院日記』は奈良興福寺の僧侶英俊の日記であり、ともに比較的信憑性の高い史料であるとされる。火薬を茶釜平蜘蛛に詰めて爆死した説が有名であるが、右の史料では取り上げられていない。

このエピソードの出所の一つと考えられるのは、太田牛一が慶長十年（一六〇五）頃に記した『大かうさまくんきのうち』である。ここには、松永父子が天守に火をかけ、平蜘蛛の釜を打ち砕いて焼死したことが記述されている。

平蜘蛛が破壊されたことは確実と考えられ、のちに多羅尾《たらお》光信が拾い集めた破片で復元したという（『松屋名物集』）。そして、天正八年閏三月十三日、父の多羅尾綱知《つなとも》が茶会で用いたと伝わっている（『天王寺屋会記宗久茶湯日記他会記』）。元和年間（一六一五～一六二四）に川角三郎右衛門が執筆した『川角太閤記』には、久秀の首と平蜘蛛が鉄砲の火薬で、微塵に砕けたと記されている。つまり、久秀が爆死したという説は、『川角太閤記』の逸話に尾ひれが付き、人々の間に広まったと推測される。久秀自害の翌日、「首四ツ」が安土城へ運ばれているので（『多聞院日記』）、久秀の頭が火薬で砕け散った説は成り立たないと考えられている（金松：二〇一七）。

信長による戦後処理

松永父子謀叛後の天正五年十月二十一日に発給された、宛所不明の佐久間信盛等連署状（「織田長繁氏所蔵文書」）には、松永一類や松永方に属した者の知行の闕所《けっしょ》処分について記されており、実質的に信長が措置を命じていることがわかる（片山：二〇一八）。

信長は、天正八年八月に大和国内の国中破城、同九月に指出検地を命じた。これらの信長の政策について、松尾良隆氏は、「在地領主制そのものに大きな制約を加える事を意味し、国人衆を在地から引き離す政策であった」とし、「『一国破城』『指出』『国衆の粛清』は一体として、国衆の在地性を否定し、信長から預置いた筒井支配権への権力集中を成し遂げるのである。預置という形で任免権を掌握する信長にとって、筒井氏への権力集中は自己への権力集中であり、絶対権といいうるものの掌握を意味するのである。信長は大和の上級支配者となるのである」と捉える（松尾：一九八五）。

また小竹文生氏は松尾氏の検討をうけて、天正八年八月以後「順慶の大和支配は正式に織田政権に公認され」「信長の上級権力に大きく規制されることを意味したけれど、同時にかつては同僚であった大和国衆に対する順慶の完全勝利をも意味した」とし、「一国破城と指出を契機に、順慶は支配の障害となる潜在的な危険分子を除いた」「信長が筒井氏の国衆支配を強化しようという狙いがあったのは明確であろう」と捉えた（小竹：一九九九）。前述したように、天正四年五月以降、塙直政に代わって筒井順慶が信長から大和一国一円の支配を委ねられたが、松永父子の謀叛後には順慶を介した信長の大和国支配がさらに強化されていったといえるだろう。

天正八年十一月、信長の命により順慶が郡山へ入城し、あらためて信長より支配を許可された朱印を給わったという（『多聞院日記』）。その後、順慶を含めた大和国衆たちは天正九年九月の伊賀攻め、天正十年二月の武田攻めに動員されることとなった。天正十年五月から六月にかけては信長の中国攻めにも動員されるはずであったが、本能寺の変により順慶や大和国衆が中国地方へ出向くことはなかった。

〔主要参考文献〕
片山正彦『豊臣政権の東国政策と徳川氏』（思文閣出版、二〇一七年）
同「筒井順慶の『日和見』と大和国衆」（『地方史研究』三九二号、二〇一八年）
金松誠『松永久秀』（戎光祥出版、二〇一七年）

小竹文生「豊臣政権と筒井氏」（『地方史研究』二七九、一九九九年）
戦国合戦史研究会編『戦国合戦大事典　第四巻』（新人物往来社、一九八九年）
谷口克広『織田信長合戦全録』（中公新書、二〇〇二年）
同『織田信長家臣人名辞典　第二版』（吉川弘文館、二〇一〇年）
中川貴皓「松永久秀と信貴山城」（天野忠幸編『松永久秀』宮帯出版社、二〇一七年）
奈良県史編集委員会編『奈良県史　第十一巻　大和武士』（一九九三年）
松尾良隆「天正八年の大和指出と一国破城について」（藤木久志編『織田政権の研究』吉川弘文館、一九八五年、初出は一九八三年）

第三章　有岡城の戦い——信長に叛旗を翻した荒木村重

天野忠幸

軍事上の要地、伊丹

有岡城とは、織田信長に服属して摂津《せっつ》一国を支配した荒木村重《むらしげ》が、天正二年（一五七四）に伊丹城《いたみ》（兵庫県伊丹市）を攻略し自らの居城として改修する際、改名した平城である。現在のJR伊丹駅が主郭部となり、西側の段丘上に城や城下町の遺構が広がっている。

伊丹の地名は、平安時代末期の治承《じしょう》四年（一一八〇）十一月に「伊多美《いたみ》武者所」（「山槐記」）として見える。平清盛と源頼朝の戦いが始まる中、平氏方の武者が伊丹に集まって追討に向かっており、既に伊丹が軍事上の要地として認識されていたことがうかがえる。

また、文和《ぶんな》二年（一三五三）の森本元長軍忠状には「伊丹城」と見え（「北河原森本氏家蔵文書」）、南北朝の戦いの中で要塞化が始まった。

このように伊丹が要所と考えられた背景には、その地勢がある。伊丹は六甲山地の東南麓から延びる舌状台地の南端に位置する。伊丹の東には、北摂《ほくせつ》山地から大阪湾に向けて猪《い》名《な》川が流れる。その湿地帯や河原により、伊丹を東側より攻めるのは難しかった。

猪名川の河口には尼崎や大物《だいもつ》（兵庫県尼崎市）といった港町があり、中流に位置する伊丹と上流の池田（大阪府池田市）はそれぞれ摂津を代表する有力国人である伊丹氏と池田氏の居城として争いつつ発展していくので、河川交通の恩恵も受けていたようだ。陸路でも尼崎から多田《ただ》（兵庫県川西市）へ向かう街道が伊丹城の内郭を南北に貫き、約一キロメートル北側には京都と大宰府を結ぶ西国街道（山陽道）が東西に通っているのを望むことができた。

室町時代から戦国時代の摂津は、令制国の下に設置された郡とは異なる郡が成立した（天野：二〇一七）。南北朝期には、千里丘陵より東側の京都に近い地域が「上郡《かみのこおり》（大阪府高《たか》槻《つき》市、茨木《いばらき》市など）」と呼ばれた。十五世紀になると、千里丘陵の西側の地域を指す「下郡《しものこおり》（大阪府吹田《すいた》市から神戸市須磨区）」も見えるようになる。伊丹は平野部である下郡の中心に位置し、神崎川・淀川によって首都京都と繋《つな》がり、その外港とも言える尼崎に近いという地理的条件があったのである。

摂津国人の雄・伊丹氏

伊丹氏は関東よりやってきた西遷御家人で、鎌倉時代末期には伊丹親盛が六波羅探題や摂津守護の使者として活動している（「離宮八幡宮文書」）。室町時代になると、管領《かんれい》家の一つで摂津・丹波《たんば》・讃岐《さぬき》・土佐の守護を世襲した細川氏に編成されていく。戦国時代には、京都を本拠地とする細川高国と、阿波《あわ》に基盤を置く細川澄元に分裂し、家督をめぐって争うようになるが、その余波は伊丹氏にも及んだ。

伊丹氏も巻き込まれた細川氏の内紛については、生嶋荘《いくしまのしょう》（兵庫県尼崎市）出身の生嶋宗竹が記した『細川両家記』に詳しい。それによると、伊丹城は落城することもあったが、その防備は堅く、摂津の城郭の中では唯一「堅固」と記されている。細川澄元やその子の晴元といった当主が伊丹城に入城しているのも、そうした防御性の高さゆえであろう。

天文《てんぶん》十八年（一五四九）八月に三好長慶《みよしながよし》が伊丹城を攻めた際には、力攻めによる消耗を避けて、東方は森本、南は垣富・前田、西は御願塚《ごがづか》、北西は昆陽《こや》（いずれも伊丹市）に「対城《むかいじろ》」と呼ばれる陣城を築く包囲戦を行っている。翌年正月、長慶が伊丹城に総攻撃をかけようと富松《とまつ》城（兵庫県尼崎市）に入ったところ、同盟する遊佐長教《ゆざながのり》がそれを留め、

山下
猪名川
塩川長満
古池田
賀茂
織田信忠
刀根山
稲葉一鉄
氏家直昌ら
郡山
織田信澄
大津長昌
牧村利貞ら
高槻城
茨木城
福富秀勝
下石頼重ら
有岡城
原田
中川清秀
古田織部
吹田
一津屋
高山右近
椋橋
池田恒興・
元助・輝政父子
尼崎城
淀川
大川(旧淀川)
大和田
安部二右衛門
大坂本願寺
木津川
0
5km

有岡城と周辺の付城（天正６年12月）
天野忠幸『荒木村重』をもとに作成

仲裁に入った。その結果、伊丹親興は半年間の籠城に耐え、三月に長慶と和睦している。戦国の争乱のなかで、伊丹城の堅城ぶりは知れ渡っていたのである。

荒木村重の台頭

荒木村重は、伊丹氏のライバルである池田氏の家臣であった。ただ主家より池田名字が下賜されており、一族扱いされる重臣の地位に就いていた（「中之坊文書」）。

永禄十一年（一五六八）、足利義昭と織田信長が上洛したが、それに敵対する三好三人衆も大阪湾にいまだ戦力を温存しており、池田氏は板挟み状態となる。その結果、当主の池田勝正は義昭・信長方に、その他の池田一族や村重ら重臣は本願寺や朝倉氏とも連携する三好三人衆に与《くみ》し、分裂した。

元亀《げんき》二年（一五七一）になると、池田一族は義昭より摂津の支配を任されていた高槻城主（大阪府高槻市）の和田惟政《わだこれまさ》を討ち取った。この郡山《こおりやま》（大阪府茨木市）の戦いで、村重や中川清秀が武功をあげたという。

大阪平野では三好氏が優勢になる中、元亀四年（一五七三）初頭に、足利義昭は信長を見限って、三好・朝倉・武田氏と連携するなど幕府の再編を図る。劣勢の信長は人質を差し出して、義昭に和睦を請うが拒絶された。

その一方、義昭が根回しもなく三好・朝倉・武田陣営に加わったため、現場では混乱状態に陥った。信長と義昭の対決は、京都近郊の坂本城（滋賀県大津市）の明智光秀、勝龍寺城（京都府長岡京市）の細川藤孝《ふじたか》、淀城（京都市伏見区）の石成友通《いわなりともみち》、そして村重の帰趨《きすう》に委ねられた。この時、村重は荒木名字に復すと義昭方の池田遠江守《とおとうみのかみ》と袂《たもと》を分かち、高山飛騨守《ひだのかみ》・右近《うこん》親子を支援して、義昭方の和田惟長《これなが》を高槻城（大阪府高槻市）から追放するなど、北摂一帯を押さえていた。

信長は光秀・藤孝・村重の三人を味方につけることに成功し、京都周辺で圧倒的優位に立ったことで、義昭との決戦に踏み切り勝利を収める。同年七月、信長は槇島《まきしま》城（京都府宇治市）に籠り再度挙兵した義昭を破り、義昭は紀伊へと落ち延びていった。信長に味方した村重は、天正二年（一五七四）に伊丹氏、翌三年に三田《さんだ》（兵庫県三田市）の有馬氏を滅ぼして、大坂を除く摂津を平定する。

伊丹城から有岡城へ

伊丹城へ移った荒木村重は、早速「有岡城」と改名し、自らの居城とした。そして、嫡男の村次《むらつぐ》を猪名川と神崎川の河口に位置する尼崎城に置いて大阪湾への通路を確保し、弟の村氏に吹田氏を継がせると淀川と神崎川の分岐点に近い吹田城（大阪府吹田市）に配している。一族の元清は兵庫津（神戸市兵庫区）郊外に築城した花熊城（同中央区）に置き、下郡を一族で直轄支配した。

そして、荒木名字を与えて取り立てた荒木重堅《しげかた》を三田城に、中川清秀を茨木城（大阪府茨木市）に配し、外様の塩川長満は山下城（兵庫県川西市）に、和田惟政の配下から転じた高山右近は高槻城に置いた。このように、下郡の有岡城を中心に同心円的に城郭を配置したのである。

有岡城の整備については、薩摩の島津家久が記した伊勢神宮への参詣記「中書家久公御上京日記」に詳しい。天正三年（一五七五）四月十五日、家久は西宮（兵庫県西宮市）に上陸すると西国街道を通って京都に向かう途中、有岡城は伊丹城より改名したこと、池田城が破却されていることを記している。

伊勢からの帰路の六月八日には吹田より尼崎にかけて数多《あまた》の城がある様子を眺め、十一日には有岡城下町の市場にある小物屋与左衛門の屋敷に一宿した。その際、有岡城の「石蔵」の普請を見物し、侍たちが自身で石を運んでいる姿に驚愕《きょうがく》している。有岡城は、石材を大規模に用いた城に生まれ変わろうとしていた。

　他にも村重は、大広寺と本養寺を池田から有岡へ移したという（「穴織宮拾要記」）。天正五年（一五七七）八月には「外城」が完成したようで、神道を家職とする吉田兼見《かねみ》に山王社の勧請《かんじょう》を要望した。翌年には、ルイス・フロイスが有岡城内を見学し、高山右近が屋敷を構えており、人質を住まわしていたことを伝えている。右近と同様に村重の与力となった播磨御着《はりまごちゃく》城（兵庫県姫路市）の小寺政職《こでらまさもと》も、有岡城に人質を差し出しているので（「豊太閤真蹟集」）、そうした居住区があったのであろう。

　池田城の城割《しろわり》により、池田氏家臣という出自を抹消した荒木村重は、それまでの池田氏と伊丹氏の対立を止揚し、有岡城への統合を図る。また、占領地であるがゆえに、大規模な改修を施すことができ、一国人の城郭が一国の広域支配を行う公的城郭へと変貌した。

　また、伊丹から有岡への改名も非常に示唆的である。一義的な目的は、国人伊丹氏の居城という性格を否定することであろう。しかし、織田信長が稲葉山城を改め岐阜城（岐阜県岐阜市）の名称を広めたように、木下から羽柴に改姓した秀吉が、天正元年（一五七三）に今浜を長浜（滋賀県長浜市）に改めて築城し、明智から惟任《これとう》に改姓した光秀が天正五年にまったく新しく名付けた亀山城（京都府亀岡市）を築いている（福島：二〇一九）。新しい名称の城郭には、村重や秀吉、光秀の個人の考えではなく、新しい支配者の世の到来を印象づける信長の政策があったのであろう。

村重の謀叛の背景

天正三年（一五七五）段階の織田家で一国規模の支配者となっていたのは、越前の柴田勝家と大和の塙直政《ばんなおまさ》、そして摂津の荒木村重の三人だけであった。ただ、勝家と直政は尾張出身で織田信長よりそれらの地を拝領したのに対し、村重は外様で摂津を自ら切り取るなど、大きな違いがあった。また、塙直政が原田名字を、明智光秀が惟任名字、細川藤孝が長岡名字を信長より与えられたのに対し、村重は荒木名字のままで精神的な独立性が高く、その存在は際立っていた。

信長は光秀の長女を村重の長男村次に、三女を藤孝の長男忠興に嫁がせ、畿内衆として編成し（天野：二〇一二）、畿内近国の戦いに動員していく。天正元年（一五七三）に信長より播磨・備前《びぜん》・美作《みまさか》の支配を命じられた浦上宗景《うらがみむねかげ》が、天正三年に毛利輝元《てるもと》やその支援を受ける宇喜多直家《うきたなおいえ》に敗れた。信長より宗景の救援を命じられた村重は播磨を確保し、国人の小寺政職《まさもと》らを与力に加えた。

天正四年（一五七六）、毛利輝元が将軍足利義昭を迎え攻勢に転じると、大坂本願寺との戦いで塙直政が討死した。その後、信長は大坂攻めの主将に尾張出身の佐久間信盛《さくまのぶもり》を、翌年には毛利攻めに同じく尾張出身の羽柴秀吉を登用し、戦線の立て直しを図る。畿内衆は彼ら尾張衆の援軍としての役割が求められるようになっていく。

秀吉は小寺政職の家臣である小寺孝高《よしたか》（後の黒田如水《じょすい》）の姫路城（兵庫県姫路市）に入った。秀吉は信長の直臣である播磨国人の別所長治《べっしょながはる》や小寺政職に対し、長治の一族である別所重宗の娘と小寺孝高の息子（黒田長政）の縁談を差配するなど、自らへの従属を迫った（「黒田家文書」）。このように国人より一族や家臣を引き抜こうとする秀吉の動きに、播磨国人は不満を募らせ、天正六年（一五七八）二月に長治は信長から離反した。

与力の政職が奪われそうな村重や、家臣の小寺孝高や小寺氏に与えた姫路城を盗《と》られた政職自身も、信長や秀吉に相当な不満を持っていっただろう。その上、毛利輝元が尼子勝《あまごかつ》久《ひさ》の籠る上月城《こうづき》（兵庫県佐用町）を囲むと、秀吉はこれを見捨てたため落城してしまった。

将軍義昭を奉じる輝元は播磨だけでなく讃岐も攻撃し、大坂本願寺に兵糧や援軍を派遣するなど大攻勢に出た。大和の松永久秀《まつながひさひで》・久通《ひさみち》親子がこれに応じ挙兵している。義昭のもと毛利氏・本願寺・武田氏・上杉氏が加わる信長包囲網は活性化し、援軍として駆り出される村重の軍勢や、摂津の百姓には軍役《ぐんやく》が重くのしかかっていく。

小寺政職ら与力に対する面目を潰し、摂津の百姓を疲弊させ、村重を追い詰めていたのは信長であった。こうした村重の不満に気づいたのは、上月城への援軍で一緒に出陣した信長の長男信忠《のぶただ》ではなく、毛利一族の吉川元春《きっかわもとはる》・元長親子で、六月には村重の調略が重要だと認識していた（「牛尾家文書」「西禅永興寺旧蔵文書」）。

信長、権威失墜の危機

天正六年（一五七八）十月十四日、将軍足利義昭の側近小林家孝は、毛利一族の小早川隆景《たかかげ》らに、荒木村重の調略に成功したと伝えている（「萩藩閥閲録《ばつえつろく》〈末国与左衛門〉」）。十七日には本願寺顕如《けんにょ》が村重・村次親子に対して起請文を作成した（「京都大学総合博物館所蔵古文書集」）。村重の謀叛は突発的なものではなく、義昭・輝元・顕如と用意周到に計画されたものであった。

村重離反の情報を受けた信長は、二度にわたって翻意を促すが失敗に終わった。十一月七日、毛利氏は村重だけでなく、花熊城の荒木元清からも人質と血判起請文を取り、村重が義昭に味方したことを確認している（「大阪城天守閣所蔵山田文書」「毛利家文書」）。本願寺も人質として村重の娘や、村重・村次親子の血判起請文を受け取った（「毛利家文書」）。村重の挙兵に小寺・黒田・在田《ありた》・櫛橋《くしばし》・宇野氏ら播磨国人の多くも同調し、近畿南部でも反織田の動きは広がりつつあった。

このため、信長の畿内支配は根底から覆され、姫路の秀吉は挟撃されかねない状態となった。特に村重が出陣した場合、一日で京都が攻撃される恐れがあり、天正元年に将軍義昭を追放して以来、京都の平和を守ってきた信長の権威は地に堕ちる危険があった。

信長は十一月四日に正親町《おおぎまち》天皇へ本願寺との和睦の仲介を申し入れたが、顕如に拒絶された。ところが、信長は六日の木津川《きづがわ》口の戦いで毛利・村上水軍を破ると、十六日には高槻城の高山右近を、二十四日には茨木城の中川清秀を調略で寝返らせることに成功し、危機を脱することができた。

信長は荒木一族が押さえる摂津下郡への進攻を開始し、二十七日には、側近の堀秀政《ほりひでまさ》や万見重元《まんみしげもと》が百姓の籠る甲山《かぶとやま》（兵庫県西宮市）を攻撃し、滝川一益や丹羽長秀は花熊城を囲み兵庫津を焼き討ちにした。その上で十二月八日の申《さる》刻より翌日にかけて、有岡城の外城に総攻撃を加えた。ところが逆に二〇〇〇人余の損害を出し、万見重元まで討死する敗北を喫してしまう（「多聞院日記」）。信長は持久戦に方針転換し、部将らに付城を設け、兵糧攻めをするよう指示すると、二十五日には古池田（大阪府池田市）から安土（滋賀県近江八幡市）に帰陣したのである。

兵糧攻めと調略

織田信長は尾張衆の大津長昌を高槻城に、同じく福富《ふくずみ》秀勝を茨木城に入れると、中川清秀を有岡城の前面の原田（大阪府豊中市）に配置した。そして、有岡城と尼崎城の連携を断つべく、椋橋《くらはし》（大阪府豊中市）に乳兄弟の池田恒興《つねおき》、食満《けま》（兵庫県尼崎市）に次男の織田信雄《のぶかつ》や滝川一益、塚口（尼崎市）に三男の織田信孝《のぶたか》や丹羽長秀、高山右近を置き、これらを賀茂（兵庫県川西市）に陣取る長男の織田信忠に指揮させた。つまり、上杉謙信に備える柴田勝家と別所長治と戦っている羽柴秀吉、波多野秀治《はたのひではる》を攻めている明智光秀を除く、ほぼすべての軍勢を有岡城攻めに投入したのである。

これに対し荒木方は、村重が籠る有岡城、荒木村次の尼崎城、荒木元清の花熊城の三城のみとなった。毛利輝元は村重と顕如を援助するため、湯浅・末国・細川・宍戸《ししど》・桂・三上・乃美・粟屋・河田・甲田・磯兼《いそがね》・平賀・木下・児玉・大多和《おおたわ》氏らを遣わし、兵糧や鉄砲を送り込んだ（「萩藩閥閲録」「萩藩譜録」など）。

輝元は信長に木津川口の戦いで敗れたものの、明石海峡や摂津沖の制海権を確保していたのである。毛利氏や雑賀衆《さいかしゅう》などの援軍や物資は尼崎や兵庫津より陸揚げされ、有岡城や別所長治の三木《みき》城（兵庫県三木市）へ運ばれていたようで、摂津下郡の百姓は丹生山《たんじょうさん》（神戸市北区）や夢野《ゆめの》（神戸市兵庫区）など、六甲山地やその周辺の街道沿いに砦を設けたり、花熊城に籠ったりしていた。織田方はこうした荒木方の兵站《へいたん》を断てず、戦いは長期化していった。

天正七年（一五七九）三月、信長は越前から前田利家や佐々成政《さっさなりまさ》を呼び寄せると再び摂津に出陣し、五日に有岡城、六日に尼崎城、七日に花熊城と視察してまわった（「乃美文書」）。信長は古池田にしばらく逗留して、四月末に付城の番について、塚口に丹羽長秀、食満に細川藤孝、田中（兵庫県尼崎市）に中川清秀、池上（昆陽池《こやいけ》周辺か、伊丹市）に織田信忠、昆陽野古城（伊丹市）に滝川一益、椋橋に池田元助と定めた。有岡城から三～五キロ圏にまで包囲網を狭めたのである。六月に丹波八上《やかみ》城（兵庫県丹波篠山市）が落ち、波多野秀治を安土で処刑すると、明智光秀を有岡城攻めに投入できるようになった。

一方の村重は武田勝頼《かつより》と上杉景勝《かげかつ》が信長の背後を突くことを期待していたが、景勝は御家騒動で、勝頼も徳川家康と北条氏政《うじまさ》に挟撃され余力はなかった。その上、宇喜多直家が秀吉の調略によって信長に降《くだ》ったため、毛利輝元も村重の救援より直家への備えを優先せざるを得なくなった。このため、六月下旬には、尼崎城で厭戦気分が蔓延し城主の荒木村次と雑賀衆の鈴木重秀は信長との和睦を志向し、村重と別所長治が反対するという状況になったのである（「乃美文書」）。

織田方の「伊丹」呼び

織田信長と荒木村重の戦いが始まった直後の天正六年（一五七八）十一月の羽柴秀吉と十二月の細川藤孝の書状の二例を除くと、信長とその家臣だけが有岡を「伊丹」と呼称している（天野：二〇二〇）。江戸時代初期に信長の家臣であった太田牛一が編纂した『信長公記』では、一貫して「伊丹」と記載している。

ところが、徳川家康家臣の松平家忠、奈良興福寺の多聞院英俊、天皇の家産を管理する禁裏御蔵職の立入宗継《たてりむねつぐ》、天皇の女房衆、公家の吉田兼見、将軍足利義昭家臣の真木島昭光《まきしまあきみつ》は「有岡」と呼んでいる。特に毛利一族の小早川隆景、本願寺坊官の下間頼廉《しもつまらいれん》、顕如の右筆である宇野主水《もんど》は、有岡城が落城し数年を経ても「有岡」と呼び続けている。

一般的には「有岡」が使用されている中、信長とその家臣だけが無理やり「伊丹」と呼んだようだ。当時、相手をどのように呼ぶかは、政治的な意味を持っていた。たとえば、信長は、斎藤道三を倒して美濃を支配し、侍所所司《さむらいどころしょし》の家格である一色《いっしき》姓を将軍足利義輝より賜った一色義龍・義紀父子の地位を認めず、あくまでも美濃守護代家に過ぎないとして「斎藤」と呼び続けた。羽柴秀吉は本能寺の変後すぐに、光秀を信長より与えられた惟任名字ではなく、幕府足軽衆であった「明智」と呼ぶことで、光秀の地位を否定している。

信長は、自らに背いた村重の摂津支配の象徴である有岡城について、その名を剝奪し、あえて一国人の城郭である伊丹と呼ぶことで、村重の地位を否定し、その矮小化《わいしょうか》を図ったのである。

有岡城の落城

内陸部の有岡城に対して、尼崎城は海岸部に位置し兵站の一大拠点として、その重要性を増しつつあった。荒木村重はそうした尼崎城で厭戦気分が広がっているのを放置できず、天正七年（一五七九）九月二日に有岡城を池田重成に任せ、自ら尼崎城に入り、士気を高めるため、毛利氏や雑賀衆に援軍を要請している。

こうした村重の動きを受け、信長は三度摂津に出陣し、九月二十四日に古池田に在陣した。そして、二十七日に有岡城を包囲する付城を見舞い、翌日には京都へ帰った。

織田方は村重が去った有岡城への調略を強化し、十月十五日、ついにその外城を突破した。滝川一益が中西新八郎を通じて足軽大将の星野左衛門らを寝返らせ、有岡城西端の上臈塚《じょうろうづか》砦に一益の兵を引き込ませると、侍町に放火したのである(『信長公記』)。これにより、岸の砦の渡辺勘兵衛は逃走し、鵯塚《ひよどりづか》砦を守る村重の妹婿の野村丹後守や雑賀衆は降伏を申し出たが、これらはすべて許さず討ち取っている。

また、有岡城の東の城外にある川面市場でも寝返りがあり、筒井順慶《じゅんけい》が攻めかかったが多くの死者を出した(「多聞院日記」)。織田方は損害を出しつつも残る天守に対し、城楼をあげ、地下からは金掘による攻撃を加え、落城は必至となった。さらに明智光秀も荒木村次の義父という所縁で調停に入り、開城と決まったので、長女を受け取った(「立入左京亮宗継入道隆佐記」)。

十一月九日、池田重成は荒木村重のもとに赴き、尼崎城と花熊城の開城を促したが、村重はこれを受け容れなかった。信長は二十日に有岡城を落とすと(「多聞院日記」)、光秀の娘婿である織田信澄《のぶすみ》を入れた。そして、十二月十三日に尼崎城近くの七松《ななまつ》(尼崎市)で捕虜とした家臣ら五百余名を、十六日に京都六条河原で村重の妻だしをはじめ女子供ら三十余名を処刑する。こうして約一年に及ぶ有岡城の戦いは終わった。

村重が尼崎城と花熊城の開城を拒絶した背景には、毛利輝元や本願寺からの援軍も籠城していたため、将軍足利義昭を含め彼らと合意する必要があったことが挙げられる。天正八年(一五八〇)三月に顕如が信長と和睦した際も両城の明け渡しが条件であったが、顕如は義昭や輝元、村重と合意できず、抗戦派の門徒を見捨て大坂を退去している。

信長は尼崎・花熊攻めを池田恒興に任せ、中川清秀や高山右近、塩川長満を与力として付けた。閏三月、恒興の子の元助・輝政《てるまさ》兄弟は花熊城より打って出た荒木方を撃退し、七月にようやく尼崎城と花熊城を攻略する。村重は輝元のもとに退去した。恒興は伊丹城を居城とし、摂津西部を与えられた。恒興は検地を断行し、有力寺社の勢力を削《そ》いだ。また、解体した花熊城の部材で兵庫城(神戸市兵庫区)を築くと、兵庫北関・南関を掌握し摂津沖の制海権を確保する。

本能寺の変後、恒興は大坂本願寺の跡地に築かれた大坂城を得ると、長男の元助が伊丹城を守った(「池田家譜」)。そして、賤《しず》ヶ岳《たけ》の戦いの後、池田親子が美濃《みの》へ移ると、大坂城には秀吉が、兵庫城には秀吉の甥の秀次《ひでつぐ》が、尼崎城には建部《たけべ》政長《まさなが》が入ったが、この頃に伊丹城は廃城となったようだ。

信長と村重の戦いは有岡城の戦いだけで一年、尼崎城・花熊城の戦いを含めると一年八カ月に及んだ。その長期戦を支えたのは有岡城単体の堅固さではなく、海上輸送による兵站であった。内陸の有岡城は、新しい戦争が始まる中で、その役割を終えたのである。

〔主要参考文献〕

天野忠幸『荒木村重』(戎光祥出版、二〇一七年)
同「伊丹城・有岡城と摂津下郡の城郭」(『伊丹市立博物館史料集一三　伊丹城（有岡城）跡――主郭部の発掘調査を中心として』伊丹市立博物館、二〇二〇年)
同「信長と畿内大名」(藤田達生編『織田政権と本能寺の変』塙書房、二〇二一年)
池上裕子『織田信長』(吉川弘文館、二〇一二年)
千田嘉博「織豊期城郭としての有岡城」(『信長と戦った武将　荒木村重』市立伊丹ミュージアム、二〇二二年)
福島克彦『明智光秀と近江・丹波』(サンライズ出版、二〇一九年)
同「摂津伊丹城の復元的考察」(『伊丹市立博物館史料集一三　伊丹城（有岡城）跡――主郭部の発掘調査を中心として』伊丹市立博物館、二〇二〇年)
藤本史子「荒木村重の城と城下町」(『信長と戦った武将　荒木村重』市立伊丹ミュージアム、二〇二二年)

第四章　八上城の戦い――明智光秀の丹波攻略法

渡邊大門

丹波・波多野氏と八上城

丹波八上城《たんばやかみ》は、兵庫県丹波篠山市に所在した山城で、高城山（標高約四六〇メートル）と法光寺山（三四〇メートル）にかけて築かれている。大阪歴史学会の熱心な保存運動が実り、平成十七年（二〇〇五）に国の史跡に指定された。

八上城の遺構は、東西約一・四キロ、南北約一・三キロの山頂部の範囲に本丸、二の丸、三の丸、右衛門丸、岡田丸などが残っており、連郭式山城という形式である。山全体が要塞化しているのが大きな特長である。立地は山陰道に面しており、近くを篠山川が流れるなど、交通の要衝だった。京都だけでなく、摂津《せっつ》、播磨《はりま》、但馬《たじま》に抜けるのにも至便の地であった。史料は乏しいものの、八上城下には、城下町が形成されていたと考えられる。

次に、築城の経緯について触れておこう。八上城は、応仁・文明の乱の際に、多紀《たき》郡の小守護代で、細川氏の配下にあった波多野清秀《はたのきよひで》が築城したといわれている。しかし、清秀が実際に築城したのは、八上城に連なる奥谷城だった。八上城の築城時期は、十六世紀初頭と推定されている。八上城の史料上における初見は、大永六年（一五二六）の「矢（八）上城」という記述である（『足利季世記』など）。その後、波多野氏は丹波守護代の立場を梃《て》子《こ》として、主家の細川氏を凌《しの》ぐ威勢を誇るようになった。

天正七年（一五七九）に波多野氏が滅亡すると、城主は明智光秀、前田玄以《げんい》らが務めた。慶長五年（一六〇〇）九月の関ヶ原合戦から二年後、前田茂勝《しげかつ》（玄以の子）が五万石を与えられ城主となった。慶長十三年（一六〇八）、茂勝は数々の乱行を咎められ、改易処分となった。代わりに松平康重が入部したが、八上城を廃城とし、翌年に篠山城を築いた。これにより、八上城の歴史は終わったのである。

本章で取り上げる波多野秀治《ひではる》が八上城主となったのは、永禄年間頃と考えられる。そもそも秀治は、織田信長と良好な関係を築いていた。しかし、後述するとおり、天正四年（一五七六）一月、秀治は突如として信長を裏切った。ここから八上城の攻防が開始されたのである。

丹波攻略のはじまり

天正三年（一五七五）八月、織田信長は明智光秀に対し、配下に収まることを拒んだ荻《おぎ》野《の》氏、宇《う》津《つ》氏らの討伐を命じた。これが丹波計略のはじまりである。当時、荻野氏は丹波の氷《ひ》上《かみ》郡、天《あま》田《た》郡、何《い》鹿《かる》郡《が》を支配下に収め、宇津氏は桑田郡宇津荘（京都市右京区）を本拠としていた。

当初、光秀は戦いを有利に進めたが、天正四年（一五七六）一月、丹波八上城主の波多野秀治の裏切りにより敗北した（『兼《かね》見《み》卿《きょう》記《き》』）。秀治が裏切った理由は必ずしも明確ではないが、同年二月に足利義昭が毛利輝《てる》元《もと》を頼って備《びん》後《ご》鞆《とも》（広島県福山市）に移ったこと、同年四月に信長と大坂本願寺との戦いが再開されたことで、秀治が反信長勢力からの誘いに応じた可能性が高い。

光秀の丹波計略はいったん頓挫し、以降は信長の命によって同年四月の大坂本願寺攻め、天正五年（一五七七）三月の紀州雑《さい》賀《か》衆《しゅう》攻め、同年十月の大和・松《まつ》永《なが》久《ひさ》秀《ひで》攻めに動員された。同年十月になって、光秀は丹波籾《もみ》井《い》城（兵庫県丹波篠山市）を攻め、ようやく丹波計略を再開したのである（『兼見卿記』）。

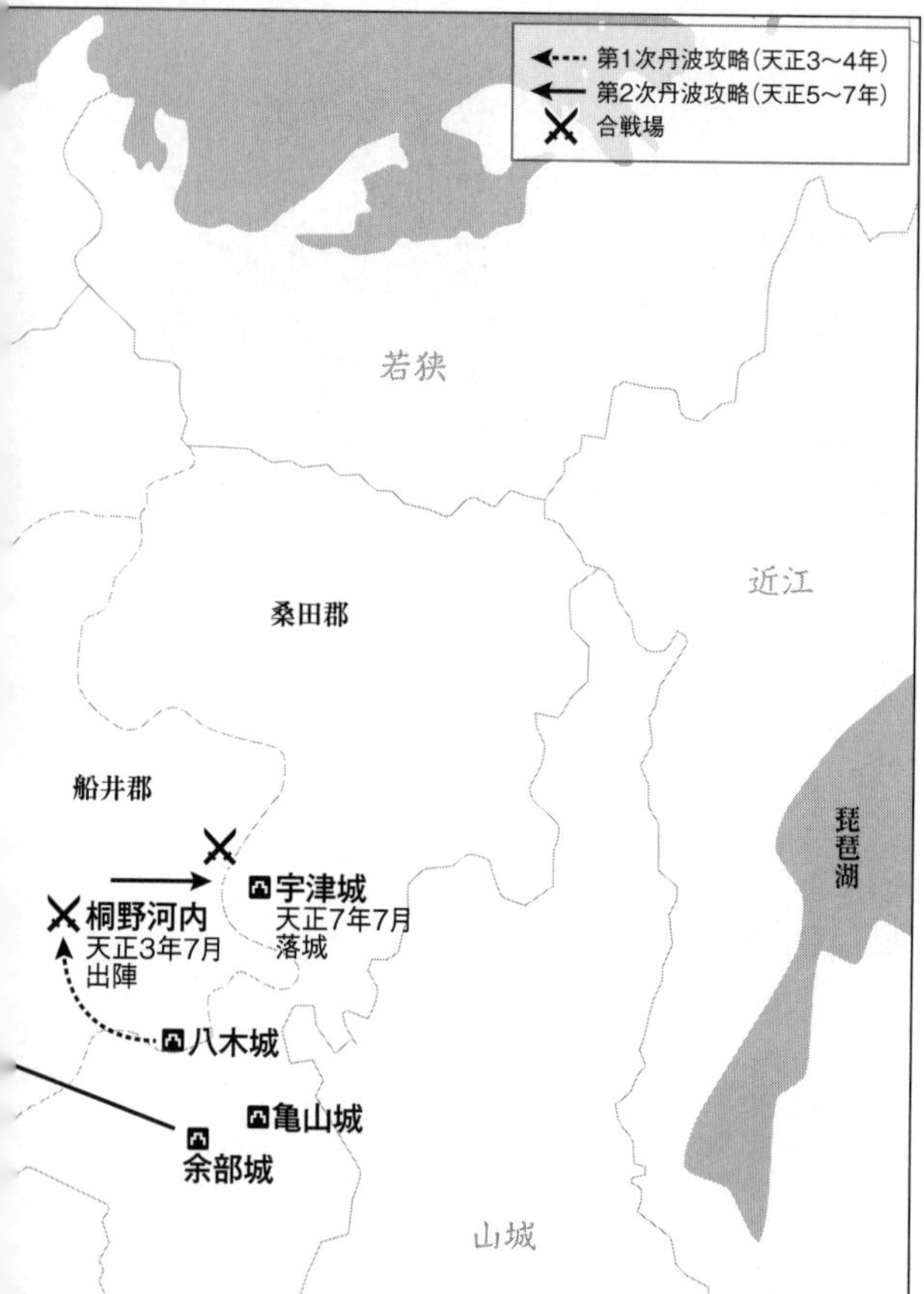

第1次丹波攻略（天正3〜4年）
第2次丹波攻略（天正5〜7年）
合戦場
若狭
近江
桑田郡
船井郡
琵琶湖
宇津城
天正7年7月
落城
桐野河内
天正3年7月
出陣
八木城
亀山城
余部城
山城

丹波攻略図
福島克彦『明智光秀と近江・丹波』をもとに作成

籾井城への攻撃は、『兼見卿記』の記述だけでは具体的なことがわからないが、十一月十七日付光秀の書状には詳しく状況が記されている（「熊本三宅文書」）。光秀は籾井城のほか十一ヵ所の敵城を攻略し、残る敵は荒木氏綱と波多野秀治だけになり、彼らの家中に対しては調略を行っているので、ほどなく落城するだろうと述べている。

天正六年（一五七八）四月十日、その氏綱は光秀らの攻撃を受けて降参した（『信長公記』）。光秀は、城に軍勢を入れ置いたという。そして、本格的に光秀による丹波攻略が再開されたのは、天正六年九月のことである（「坂本箕山『明智光秀』所収文書」）。ここまで、丹波八上城の本格的な攻撃に至る概略を述べたが、以下、もう少し詳しく過去にさかのぼって、経緯に触れておこう。

天正三年十一月の段階で、光秀は荻野直正が籠もる黒井城（兵庫県丹波市）に一二～一三の付城を築いて攻囲し、丹波の国衆の過半を味方にするなど戦いを有利に進めていた（「吉《きっ》川《かわ》家文書」）。翌年には、落城も間近という自信を見せていた。遡って元亀《げんき》四年（一五七三）一月の時点で、荻野氏は織田信長と決裂した足利義昭を支援すべく、上洛する計画だったという（「顕如《けんにょ》上人御書札案留」）。

結局、荻野氏の上洛は実現しなかったが、天正元年に比定される義昭の御内書《ごないしょ》が荻野氏に送られているので、反信長の立場だったのは明白である。(「赤井文書」)。荻野氏は毛利氏との協力を希望し、吉川元春《もとはる》に書状を送った(「吉川家文書」)。また、荻野氏と協力関係にあった赤井氏も、信長と対立する武田勝頼《かつより》と通じ、反信長の姿勢を明確にしていた(「赤井文書」)。

天正四年一月に波多野氏が信長から離反して以降、荻野氏は吉川氏や大坂本願寺と綿密なやり取りを行っていた。つまり、波多野氏が信長を裏切った理由は、先述のとおり大坂本願寺、毛利氏、足利氏が結託して反信長の姿勢を示したので、彼らの説得に応じたものと考えられる。荻野氏も、同様の理由から信長に叛旗《はんき》を翻したと推測される。

同年一月、光秀は丹波から退却したが、戦いに負けただけであって、丹波における影響力を失ったわけではない。天正四年に比定される一月二十九日の信長書状は、丹波国桑田郡・船井郡に基盤を置く川勝氏に対して、丹波での情勢が不利ななかで忠節したことを賞している(「古文書　二」)。使者を務めたのは、光秀だった。同年二月、光秀は黒井城の戦いで働きがあった荒木藤内に感状を送った(「泉正寺文書」)。丹波国内の勢力は、信長派と反信長派に二分されていたのである。

丹波に再出陣した光秀

天正四年二月、光秀は再び丹波へ下向した（『兼見卿記』）。そのなかで注目すべき二通の史料がある。

同年二月十八日に丹波に向かった光秀は、氷上郡に攻め込んだ（「『思文閣墨蹟資料目録六〇』所収文書」）。光秀は先に徳政令を発布していたので、曽根村（京都府京丹波町）の百姓は光秀に従った。そのお礼として、光秀は曽根村の百姓の諸役・万雑公事《まんぞうくじ》（年貢以外のさまざまな夫役や雑税）を免除したのである。諸役・万雑公事の免除は、在地の人々を懐柔する策だった。また、その際に三沢秀儀が発給した副状は、中台（京丹波町）の大右衛門尉に宛てられたものだ。

この戦いが有利に進んだことで、荻野氏が「詫言《わびごと》」を入れてきたので、信長は赦免することにした（「兵庫県立歴史博物館所蔵文書」）。また、荻野氏をはじめ一味した諸氏についても当知行を安堵《あんど》し、荻野氏に光秀への協力を求めた。この時点で荻野氏の件は一件落着し、信長は降参した荻野氏を配下に組み入れたのである。

いったん荻野氏は降伏したが、同年には石河繁なる人物が足利義昭を擁立した吉川氏を支援すべく、荻野氏とともに味方する旨を吉川元春に伝えた。同じく同年五月には、大坂本願寺の坊官・下間頼廉《しもつまらいれん》が荻野氏に対し、義昭の入洛が近いこと、丹波のほか丹後《たんご》、出雲《いずも》、伯耆《ほうき》の面々や吉川氏の軍事行動に期待していることなどを知らせた（「吉川家文書」など）。

荻野氏は信長に降参したとはいえ、その後も水面下で大坂本願寺、毛利氏、足利義昭との連携を模索していたのである。

天正六年（一五七八）二月、播磨三木《みき》城（兵庫県三木市）主の別所長治が信長に叛旗を翻した。長治の謀叛劇も、足利義昭、毛利輝元、大坂本願寺、そして波多野秀治の反信長の動きに連動したものと考えられる。長治の離反により、信長は窮地に立たされた。

光秀はすぐに、別所氏討伐の軍に加わった（『信長公記』）。光秀は同年七月十五日の神吉《かんき》城（兵庫県加古川市）攻めに出陣し、軍功を挙げた配下の木俣《きまた》氏に感状を発給した（「木俣清左衛門家文書」）。その後も光秀は各地に出兵を命じられ、八上城攻撃に専念できなかった。光秀による八上城攻撃が本格化するのは、同年九月以降のことである。

同年三月、信長は細川藤孝《ふじたか》に丹波出陣を命じた（「細川家文書」）。加えて、丹波奥郡（氷上、天田、何鹿の三郡）、多紀郡へ至るまで、二筋、三筋という幅の道の普請を命じ、三月二十日までに完成させるよう命令した。信長は大軍を送り込むとも書いているので、波多野氏の討伐に全力を尽くそうとしていたのは明らかだ。ただし、藤孝が本当に広い道を普請したか否かは不明である。

同年九月十一日、光秀から吉田兼見に書状が遣わされ、すぐに丹波に下向するという情報がもたらされた（『兼見卿記』）。その直後、光秀は津田加賀守《かがのかみ》に対して、九月十四日に亀山（京都府亀岡市）に至ること、同月十六日に津田氏の到着を待っていること、同月十八日に八上城の後山に陣を取る旨を記し、できるだけ多くの軍勢を率いて出陣してほしいと依頼した（「坂本箕山『明智光秀』所収文書」）。

同年九月、光秀は円通寺（兵庫県丹波市）に三カ条の禁制を発給した（「円通寺文書」）。この内容は、当手軍勢、甲乙人の乱暴狼藉の禁止、陣取、放火の禁止、竹木の伐採の禁止である。光秀の禁制は他にも発給されたと推測されるが、この一通しか残っていない。この禁制は、円通寺が光秀軍の来襲を予想して、発給を依頼したものである。

荒木村重の離反

天正六年十月、突如として摂津有岡城の荒木村重《むらしげ》が信長に叛旗を翻した。村重が叛旗を翻した理由は、繰り返しになるが、足利義昭、毛利輝元、大坂本願寺の反信長勢力の呼び掛けに呼応したと考えられる。当時、各地で反信長勢力が挙兵したので、村重はその流れに従ったのである。

同年十一月、光秀は小畠《こばたけ》氏に対し、一〇〇人分の兵糧を準備して和田次大夫に託したことを記している（「小畠文書」）。出陣する兵たちは自弁だったが、それは当座のものに過ぎない。八上城攻撃は長期にわたると予想されたので、兵糧は光秀が準備した。次に注目すべきは、付城を堅固にすることを命じていることで、着々と八上城の周囲に付城を築いていたことが判明する。付城は攻城戦におけるセオリーであり、敵を包囲して長期戦に臨むと同時に交通路を遮断し、敵城への兵糧や武器の搬入を妨害する役割も担っていた。

光秀は明智秀満《ひでみつ》を亀山に向かわせて、自身も一両日中に八上城に向かうと知らせた。この間の光秀は八上城を離れ、大坂本願寺や有岡城への対応を余儀なくされていたと考えられる。同年十一月三日、光秀は家臣の佐竹出《で》羽守《わのかみ》に対し、来る十一月十二日に信長が出馬することになったので、亀山城の普請が延期になったことを伝えた（「尊経閣文庫所蔵文書」）。そして、大坂本願寺を攻囲する森河内《もりがわち》の砦に十一月十二日を期限として、鉄砲、楯、柵、縄、俵を送るように命じたのである。

また、光秀自身も十一月十一日に森河内に行くことを伝えているので、八上城の攻撃には参加できなかったことが明らかである。したがって、光秀は大坂本願寺や有岡城対策に忙殺されたので、実際に八上城の現地で合戦を差配していたのは、丹波の土豪の小畠氏だったことが判明する。

各地を転戦する光秀

同年十一月十五日、光秀は小畠氏に書状を送り、昨日（十一月十四日）、敵が攻撃を仕掛けてきたが、小畠氏は指示した通り動かなかった、と知らせた（「上越市所蔵文書」）。光秀は自身の留守を狙って敵が攻めてきたことを笑止とし、軍勢も必要であろうから、亀山城の近くに陣を置いたことを伝えたのである。光秀は自身が本格的に八上城の攻城戦に臨むまで、小畠氏に自重を望んでいた。小畠氏が敗北した場合、丹波の土豪らに与える悪影響が少なくないと考えたのだろう。

同年十一月十九日、光秀は小畠氏に書状を送った（「小畠文書」）。内容は、四カ条にわたる。一つ目は、金山（兵庫県丹波篠山市）、国領（同丹波市）を視察し、いずれも堅固だったこととの報告を受け、これを賞した。二つ目は、有岡城の攻城戦の件で、利根山と池田古城の普請が首尾よく完了したことを報告している。三つ目は、高槻《たかつき》（大阪府高槻市）の高山右近《うこん》が信長に与《くみ》し、高槻、茨木《いばらき》（大阪府茨木市）はおおむね平定したことが書かれ、有岡城を鹿垣《ししがき》で攻囲したとある。以上を踏まえて、光秀は今月中に八上城に向かうと連絡したのである。

この間の波多野氏の動向を示唆する史料は、わずか一通だけが確認できる（「能勢文書」）。秀治は赤井氏からの返事を読み、同氏が堅固であるのは結構であるが、「滝峰出雲」が退城したことに気遣いを見せ、加勢の件は秀治の家臣「渋隠・青民」におっしゃってほしいと結んでいる。滝峰は亀岡市の滝峰城（滝ヶ嶺城）であり、出雲は同じく亀岡市の出雲城（御影山城）のことだろう。この史料には年次もなく、比定する手掛かりにも乏しいが、とりあえず天正六年に比定しておきたい。

ようやく光秀が八上城に出陣したのは、同年十二月のことだった（『信長公記』）。『信長公記』によると、光秀は八上城を自らの手勢で四方三里の範囲で攻囲した。城の周囲に堀を掘ると、塀や柵を幾重にも隙間なくめぐらし、塀の際には兵卒に小屋をかけさせた。警固は厳重で、獣すら通うことができなかったという。

同年十二月二十日、光秀は黒田孝高《よしたか》の家臣・小寺休夢斎に書状を送り、三田城《さんだ》（兵庫県三田市）の付城を四カ所築いたことを報告した（「中島寛一郎氏所蔵文書」）。書状には油井《あぶらい》口（兵庫県丹波篠山市）から吉川谷（兵庫県三木市）にかけて、つなぎの城を普請すると記されている。つなぎの城とは、城の間の情報や物資をつなぐ城のことである。油井口は八上城につながり、吉川谷は三木城につながっていた。この二つの地点を押さえることで、波多野氏は別所氏との連絡網を形成していたのである。

八上城、三木城の籠城戦は連動していたので、光秀は三田城に付城を築くことにより、両城間の連絡や情報などを遮断し、孤立化を進めようとしたと考えられる。

同年十二月二十二日、光秀は奥村源内に書状を送った（「御霊神社文書」）。内容は有岡城の攻防が信長の思い通りに進んでいること、光秀は有馬《ありま》郡に向かって三田城に付城四カ所を築き手が空いたので、昨日（十二月二十一日）に多紀郡に移動をしたことを記し、天王寺（大阪市天王寺区）方面で在番を務める奥村氏の労をねぎらった。光秀は八上城攻撃に専念していたのではなく、各地を転戦していたのである。

八上城への総攻撃

天正七年（一五七九）一月、籠山で戦闘があり、小畠永明《ながあき》が戦死した（「泉正寺文書」）。これを受けて、光秀は二月六日に八上城に向かうと述べている。なお、永明の戦死により、子の伊勢千代丸が跡を継いだが、十三歳までは森村左衛門尉が名代を務めることになった（「小畠文書」）。それは小畠一族の総意を受けてのことであり、小畠一族と森村氏は誓紙を取り交わしたのである。

天正七年二月以降、光秀の八上城攻撃は本格化する。同年二月、光秀は関氏に対し、八上城の周囲に隙間なく付城を築いたこと、通路を塞いだことを知らせ、八上城の落城が近いであろうと述べている（「楠匡央家文書」）。通路を防ぐのは、籠城戦、兵糧攻めのセオリーで、食糧を運ぶ商人の通行を禁じることも意味した。同年二月二十八日、光秀は坂本（滋賀県大津市）を出発して亀山に向かい、三月十六日に着陣した（『兼見卿記』）。

戦いが本格化するなかで、波多野氏は兵庫や（屋）惣兵衛に書状を送った（「大阪城天守閣所蔵文書」）。宛先の兵庫や（屋）惣兵衛については不明であるが、おそらく摂津兵庫（神戸市兵庫区）に本拠を置いた商人であると考えられる。秀治は籠城戦が厳しい局面を迎え、兵庫や（屋）に三カ条にわたる免除を申し渡し、商人としての特権を認めることで、城内に兵糧を搬入しようと考えたのだろう。

同年三月三日には岩伏で戦闘があり、大芋氏は光秀から感状を与えられた（「『丹波志』所収文書」）。同年三月十三日に光秀は小畠氏に対し、来る三月二十七日に出兵するように要請しているので、戦いは佳境に入っていたと考えられる（「蜂須賀文書」）。

天正七年四月になると、八上城が落城寸前だったことが判明する。次に、光秀が和田弥十郎に宛てた書状を要約しておきたい（「下条文書」）。

①八上城内から助命と退城について、懇望してきたこと。

②籠城衆のうち四、五〇〇人が餓死し、城を出てきた者の顔は青く腫れており、人間の顔をしていなかったこと。

③五日、十日のうちに必ず八上城を落城させ、一人も討ち漏らしてはならないこと。

④要害、塀、柵、逆茂木《さかもぎ》を幾重にもめぐらし、落城を待つこと。

光秀は以上のことを知らせたうえで、追って吉報を報告するので、八上城が落城後は丹後国に急行すると結んでいる。籠城戦について『信長公記』には、籠城した者ははじめ木の葉を食べていたが、のちには牛馬を口にし、城から逃げ出した者は、明智方の将兵に容赦なく斬り捨てられたと書かれている。

八上城落城と戦後処理

天正七年五月、波多野氏の敗色はさらに濃くなった。光秀の書状によると、城中への調略が功を奏したのか、ついに本丸は焼き崩れたという（「大阪青山歴史文学博物館所蔵文書」）。光秀は積極的に城を攻めず、城内から逃げ出す者たちを斬り捨てた。なお、乱取り（物資などの略奪）は、敵を討ち漏らす原因になるので固く禁止した。また、敵の首を討ち取った分だけ、褒美を与えるとも明記している。同年五月十八日の段階で、八上城は近いうちに落城するだろうと予想されている（『兼見卿記』）。

八上城が落城したのは、同年五月下旬のことだろう。『兼見卿記』には、「丹州高（八上）城落城す、四百余人討ち死にすと云々、波多野兄弟を搦め捕り、亀山にあると云々、数日取り詰め、兵粮尽きかくのごとし」と記されている。八上城が落城した際、四百余人が討ち死にした。波多野秀治ら三兄弟は捕縛され、光秀の居城・亀山城に連行された。数日間の攻防で、城内の兵糧が尽きたことが原因であるという。

したがって、八上城の攻防は長期間にわたったが、実際に戦いが本格化したのは、光秀が積極的に参戦した天正七年二月から三カ月あまりだったと考えられる。

『信長公記』によると、その後、波多野秀治ら三兄弟は安土城（滋賀県近江八幡市）に連行され、城下において磔刑にされた。なお、光秀が波多野三兄弟に母親を人質に差し出して降参を勧めたが、信長が約束を破って三兄弟を磔刑にしたので、怒った八上城内の兵卒が光秀の母を殺害したという逸話がある。しかし、それは史料的価値が低いと評価される『総見記』などに書かれたことで、今では俗説として退けられている。

光秀は八上城主の波多野秀治を滅ぼしたが、丹波にはまだ宇津氏などの信長に抵抗する諸勢力が残っていた。その後の経過を確認しておこう。

『信長公記』によると、光秀は天正七年七月十九日に宇津氏が退いた宇津構（京都市右京区）を攻撃し、残った軍勢を数多く討ち取ると、その首を安土城の信長に進上した。それから、光秀は鬼ヶ城（京都府福知山市）に移動して近辺を放火し、付城を構築した。鬼ヶ城主は、荻野氏だったといわれている。

右の状況については、光秀が小畠氏に送った書状により明らかである（「小畠文書」）。光秀は同年七月二十六日に宇津方面へ出陣するため、小畠氏に桐野河内に着陣するよう命じた。加えて、出陣の際には鍬《くわ》・鋤《すき》などの普請道具を用意するよう指示し、杣《そま》（材木を切る職人）はまさかり（鉞）を持参のうえで現地に来るよう命じた。雨が降れば二十七日に延期するが、少しの雨なら予定通りと記す。

その後の宇津氏のことは、信長の書状に詳しい（「溝口文書」）。宇津氏は信長への逆心を抱いており、調儀を行ったところ、同年七月二十四日の夜に逃亡した。宇津氏は若狭へ逃れ、そこから西国へ逃亡しようとしていたので、現地の者に探し出すよう伝えた。宇津氏が若狭から船で西国に逃げることを聞いたら、その浦で成敗するよう命じている。ただし、以降の宇津氏の動きについては、詳しくわかっていない。

同年八月九日には、黒井城への攻撃が行われた（『信長公記』）。荻野氏は降参し、赤井忠家は遠江二俣《とおとうみふたまた》（静岡県浜松市）に逃れたという。これにより光秀は信長から称賛された。同年八月二十四日、光秀は愛宕《あたご》山威徳坊に柏原《かいばら》（兵庫県丹波市）内の二〇〇石を寄進した（「安土城考古博物館所蔵文書」）。この書状によると、光秀は高見城（丹波市）を取り詰めており、近々に落城するであろうこと、自身は久下（丹波市）に陣を置き、一両日中に和田（丹波篠山市または丹波市）へ行くという。この時点で、まだ残党がいたようだ。

丹波攻略の真相

ここまで時系列順に丹波攻略、八上城の攻防、戦後処理について述べてきた。最後に、簡単にまとめておきたい。天正三年八月に光秀は丹波攻略を開始したが、その段階から親信長派の土豪を配下に加えるだけでなく、徳政令を発布するなど、すでに丹波国内の一部で実効支配を行っていた。

荻野氏、赤井氏は足利義昭、毛利氏、大坂本願寺と通じており、いったんは信長に屈したものの、水面下で関係を継続していた。波多野氏が信長を裏切ったのも、そうした流れに位置付けることができる。また、光秀による八上城の攻撃は、天正六年九月から本格化したが、遅くなった理由は信長の命によって各地に出陣していたからだった。

八上城の攻囲は小畠氏ら丹波の土豪に任され、決して積極的に攻撃をしなかった。それは敗北による痛手を避けるためで、実際に光秀が本腰を入れるのは、天正七年二月以降のことである。八上城が落城したのは天正七年五月なので、実質的に光秀が戦ったのは、わずか三カ月に過ぎない。足掛け四年にわたる攻防のように思えるが、実際の戦闘は断続的だったといえる。

付城に拠る攻城戦は、三木城の戦いが有名であるが、八上城の攻防はその先駆に位置付けられる。「つなぎの城」を築き、物資や情報を遮断することにより、兵糧攻めによって落城させたのは三木城のケースと酷似している。

光秀は八上城の攻城戦で敵を徹底的に殲滅《せんめつ》しており、八上城落後の荻野氏や宇津氏との戦いも同様だった。信長は光秀に丹波を与える前提で攻略を命じ、実力で奪い取ることを期待したのだろう。

〔主要参考文献〕

長谷川弘道「明智光秀の近江・丹波計略」（二木謙一編『明智光秀のすべて』新人物往来社、一九九四年）
藤田達生・福島克彦編『明智光秀　史料で読む戦国史』八木書店、二〇一五年）
福島克彦『明智光秀と近江・丹波　分国支配から「本能寺の変」へ』（サンライズ出版、二〇一九年）
八上城研究会編『戦国・織豊期城郭論』（和泉書院、二〇〇〇年）
渡邊大門「丹波八上城の攻防をめぐる一考察」（拙編『戦国・織豊期の政治と経済』歴史と文化の研究所、二〇一九年）
同『本能寺の変に謎はあるのか？　史料から読み解く、光秀・謀反の真相』（晶文社、二〇一九年）

第五章　大坂本願寺との戦い——一向宗徒との「石山合戦」

片山正彦

「大坂」という地名

「大坂」は、現在の大阪城本丸・二ノ丸がある場所を示す地域名称だった。この場所を「大坂」と称したのは、浄土真宗の蓮如《れんにょ》（本願寺八世宗主）である。「大坂」の初見は、明応七年（一四九八）十一月二十一日に大坂御坊について語った御文章（御ふみ）がもっとも早い例と指摘されてきた。

明応五年の秋、蓮如は、摂津《せっつ》国東成《ひがしなり》郡生玉荘《いくたまのしょう》の一角の「大坂」という場所を大変気に入り、一宇《いちう》の坊舎を建立したと伝わる。ただし、この年に「大坂」という地名が生じたのではなく、坊舎を以前からあった「大坂」の地に建立したということだ。

最近、正安三年（一三〇一）までに著された『宴曲抄《えんきょくしょう》』の中に、「九品津小坂郡戸《くぼつこざかこうづ》の王子」と記されていることが判明した（大澤：二〇〇二）。同書は九十九王子《つくもおうじ》（熊野参詣路に沿ってある多くの小社）を今の天満《てんま》橋付近にあった窪津《くぼつ》王子からの参詣順に紹介したものである。そして、二番目の「小坂」こそが蓮如のいう「摂州生玉之庄内大坂」である。その結果、現在の大阪城付近を「大坂」（あるいは小坂）と称するようになった時期は、鎌倉時代末期に遡ることが明らかになった（中村：二〇一八）。

大坂本願寺の立地

現在の大阪城のある「大坂」とその周辺は、標高の低い大阪市域にあり、南方の阿倍野《あべの》方面から北に向かう一二万六〇〇〇年前～一万一七〇〇〇年前頃に形成された標高十数メートル～三〇メートルの舌状台地の北の突端部に位置する。これが上町台地である。

仁徳天皇は、その十一年十月に「茨田の堤《まんだのつつみ》」を築くべく、「難波の堀江」を開削し、東方の河内盆地の中心にある河内湖（草香江《くさかえ》）の大量の川水を西の海に流した。「難波の堀江」は、台地北端の崖と天満の間の砂を除ける堀川として開かれたのだ。

同時期、「難波津」という港が「大坂」の少し西方（下流）に設置され、日本国内に加え、中国大陸・朝鮮半島との物資交流の役割を担った。乙巳の変（六四五年）直後に「難波《なにわ》長柄豊崎宮《ながらとよさきのみや》」の造営が始まり、神亀《じんき》三年（七二六）に「難波宮《なにわのみや》」の造営が開始された。さらに遣唐使の出発地にも選ばれるなど、政治・外交・経済の重要な拠点となった。

こうした大和政権における大坂の地位は、その後徐々に低くなる。一方で、この付近には摂津国府が設置されるなど、政治上の要衝であることに変わりなかった。さらに、渡辺党がこの地を本拠として「摂津大江御厨渡辺惣官職《せっつおおえのみくりやわたなべそうかんしき》」に任じられ、「難波津」を「渡辺津」に名称を改めて活動するなど、政治・経済の中心としての地位を保った（中村：二〇一八）。

大坂本願寺としての再出発

天文《てんぶん》元年（一五三二）八月、近江六角《おうみろっかく》氏と京都の日蓮宗徒らが山科本願寺を攻撃し、同寺を焼き払った。大永五年（一五二五）に実如《じつにょ》が亡くなった後、後継者の十世宗主証如《しょうにょ》（実如の孫）は、大坂御坊に逃れたが、実従《じつじゅう》（蓮如十三男）は宗祖親鸞の木像（御影）を持ち出して各地を放浪し、翌天文二年七月に御影は大坂に戻った。これより大坂御坊は大坂本願寺として、浄土真宗の本山になったのである。

大坂に移った本願寺は、その寺内町の「寺内六町」（北町・北町屋・西町・南町屋・新屋敷・清水町）とともに都市化を遂げ、「摂州第一の名城」と称される城郭として名を馳せた。

本願寺は経済的にも豊かだったので、「諸人の彼（本願寺宗主）に与うる金銭甚だ多く、日本の富の大部分はこの坊主の所有なり」（G・ヴィレラ書簡）と絶賛されるほどだった。

その背景には、ヴィレラが指摘するように、諸国門徒・末寺からの上納・懇志などに加えて、本尊・御影の下付による巨額の礼銭などの収入があった。さらに大坂が交通および流通の要衝だったので、ここを掌握していたことも重要だった。

大坂は、奈良盆地から流れる大和川や京都方面から流れる淀川が合流する地点だった。同時に、大阪湾から瀬戸内海を通行し、西日本方面や朝鮮・中国などの諸外国と貿易が可能な流通の要衝でもあった。大坂は、戦国時代における国内流通・外国貿易の重要地点として広く認識されていたのだ（中村：二〇二二）。

「石山合戦」の発端

大坂の地の持つ重要性に目をつけたのは、天下人としての地位を築きつつあった織田信長である。信長は大坂を手に入れるため、本願寺にさまざまな賦課をかけ、ついには大坂を退去しなければ破却するとの通告を行った。

元亀《げんき》元年（一五七〇）五月、信長は「姉川合戦」で朝倉・浅井連合軍を打ち破った。八月下旬、信長は将軍足利義昭とともに摂津南中島に出陣し、三好三人衆（石成友通《いわなりともみち》・三好長逸《ながやす》・三好政康《まさやす》）と対峙した。

中島とは、大阪湾に流れ込む淀川から摂津市一津屋《ひとつや》あたりで分流して大阪市都島区毛馬《けま》付近で流れを南に変えた神崎川（三国川とも）と、上町台地の北端の淀川本流（大川とも）とに挟まれた場所のことである。また、両川の中間を長柄川《ながらがわ》（現在の新淀川）が流れるので、北中島（神崎川〜長柄川）と南中島（長柄川〜淀川本流）に二分される。古くから南中島は、国府や守護所が設置された要衝である。

当初、天王寺に陣を置いた信長は、九月九日に本陣を南中島の「天満が森」に移動し、野田・福島（いずれも天満の西方、大阪市福島区）に籠もる三好三人衆らを攻囲した。ところが、九月十二日の夜半頃、本願寺の顕如《けんにょ》が突如として、門徒らに信長方への攻撃を命じたのである（中村：二〇一八）。

元亀元年九月初旬、時の十一世宗主顕如は、諸国門徒に檄文を飛ばし、信長に対しての叛意を鮮明にした。この時、本願寺に呼応して浅井・朝倉勢が湖西地方を南下し、延暦寺の支援を得て坂本（滋賀県大津市）を占拠、さらに京都に攻め込む様相をみせていた。窮地に陥った信長は、急いで大坂から京都に引き揚げた。のちに、坂本・堅田《かたた》あたり（いずれも大津市内）で浅井・朝倉勢と対峙した信長は、十二月になって関白二条晴良《にじょうはるよし》の斡旋で本願寺と和睦し（片山：二〇一七）、本拠の岐阜に帰還した。

元亀元年九月、顕如を盟主と仰ぐ一向宗徒と信長の「石山合戦」が始まり、戦いは終結するまで約十年もの期間を要した。しかし、この戦いは、本願寺と信長とが戦闘と和睦を繰り返して行われた。天正四年（一五七六）四月に織田方が本願寺を大軍で攻囲すると、本願寺は籠城戦で対抗した。以降、「石山合戦」は前後二期にわけられる（中村：二〇一八）。

和睦と挙兵を繰り返す

元亀元年九月に両軍の戦いが開始されると、十一月には伊勢一向一揆が信長の弟信興《のぶおき》を自害させるなど、当初は本願寺が戦いを有利に進めた。しかし元亀四年三月、信長と敵対していた将軍足利義昭が二条城で敗れ、八月に信長が浅井・朝倉連合軍を滅ぼすと、本願寺は信長と和睦した。

翌天正二年正月、越前一向一揆が織田方の桂田長俊（前波吉継）に代わって越前国を支配すると、四月に顕如は高屋城の城主三好康長らと結託して兵を挙げたが、三年四月に康長は信長に降伏した。同年八月、信長は前年に一向一揆に制圧された越前の攻略に成功したので、不利を悟った顕如は十月二十一日に信長と再び和睦を締結したのである。

天正四年二月、信長に敗北した足利義昭は備後《びんご》の鞆《とも》に移り、毛利氏に幕府再興への力添えを要請した。同時に、上杉謙信にも武田・北条との和睦を命じ幕府再興に協力するよう求めるなど、反信長勢力の諸大名に支援を要請した。四月、顕如は反信長勢力と協力して三度目の挙兵をしたので、信長は大軍で大坂を攻囲したのである（中村：二〇一八）。

信長に動員された荒木村重《むらしげ》・細川藤孝《ふじたか》・塙直政・明智光秀らは、三手に分かれて本願寺を攻囲した。村重が野田の砦を築くと、光秀と藤孝は北東の守口（大阪府守口市）・森河内（大阪府東大阪市）に陣を布《し》いた。直政は、天王寺に進軍して布陣した。本願寺方は、楼岸から木津に至る海岸線に大量の砦を構築し、本願寺から大阪湾にかけての海上通路を守った。

信長は、楼岸と木津の間にある三津寺を占領すべく、直政に攻略を命じた。直政は南山城・大和の国衆を率いると、さらに降参した三好康長も作戦に加わることとなった。

大坂方面に佐久間信栄の援軍が赴くと、光秀の隊とともに天王寺城に入城した。天王寺城の軍勢は、信栄・光秀が率いる近江衆が主力部隊だった。

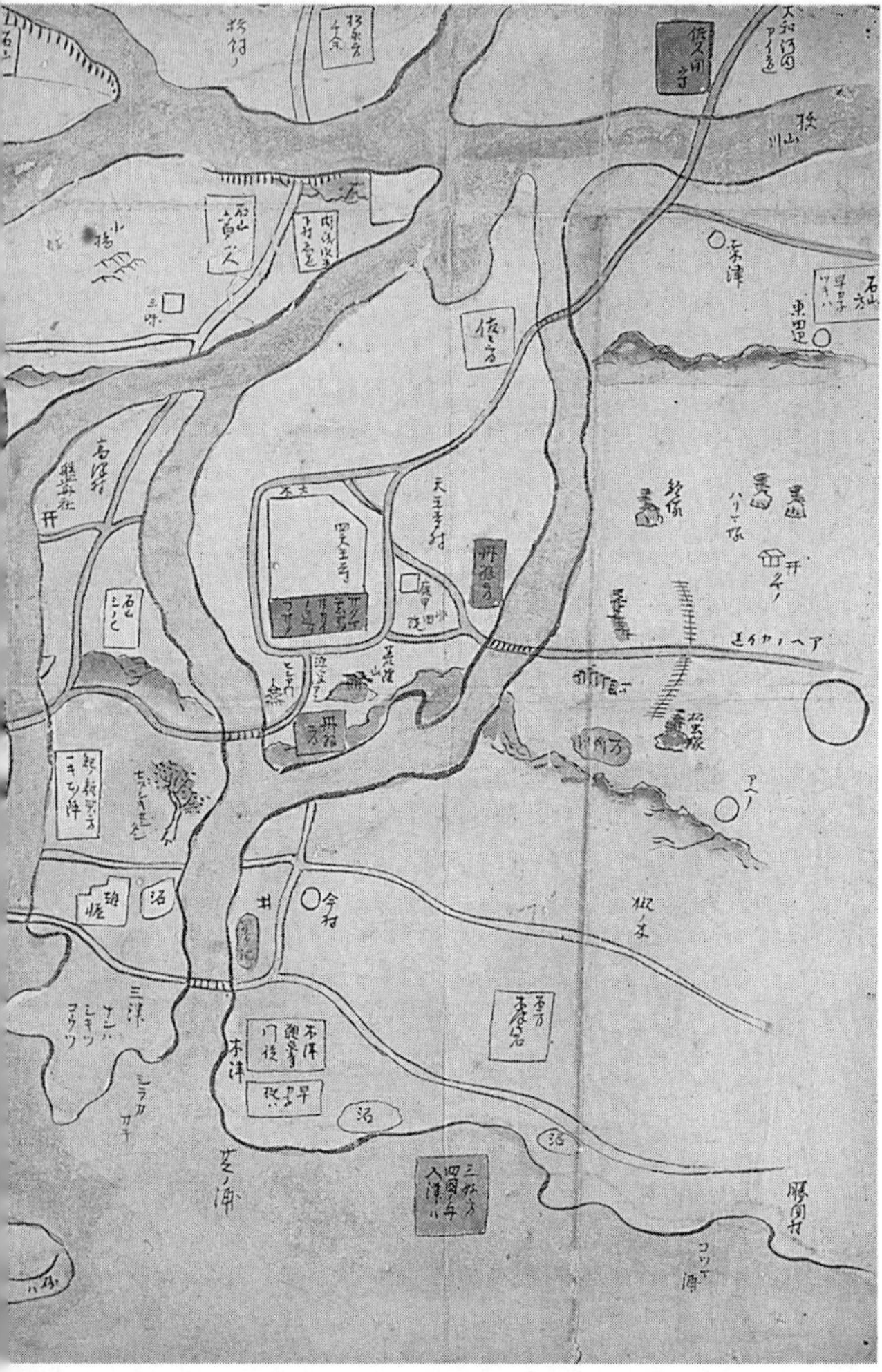
四天王寺
天王寺村
今村
沼

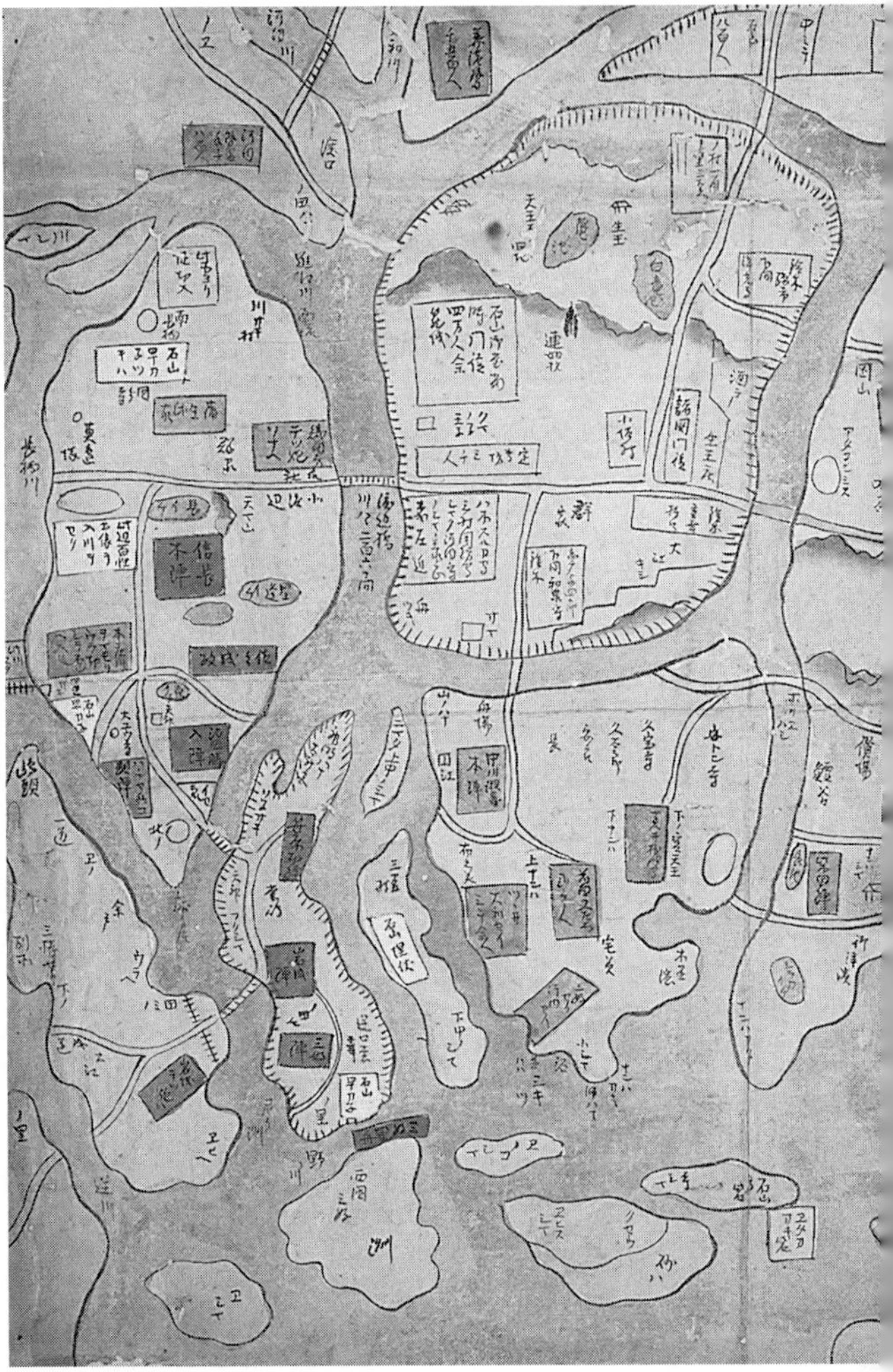

石山合戦配陣図（大阪城天守閣蔵）

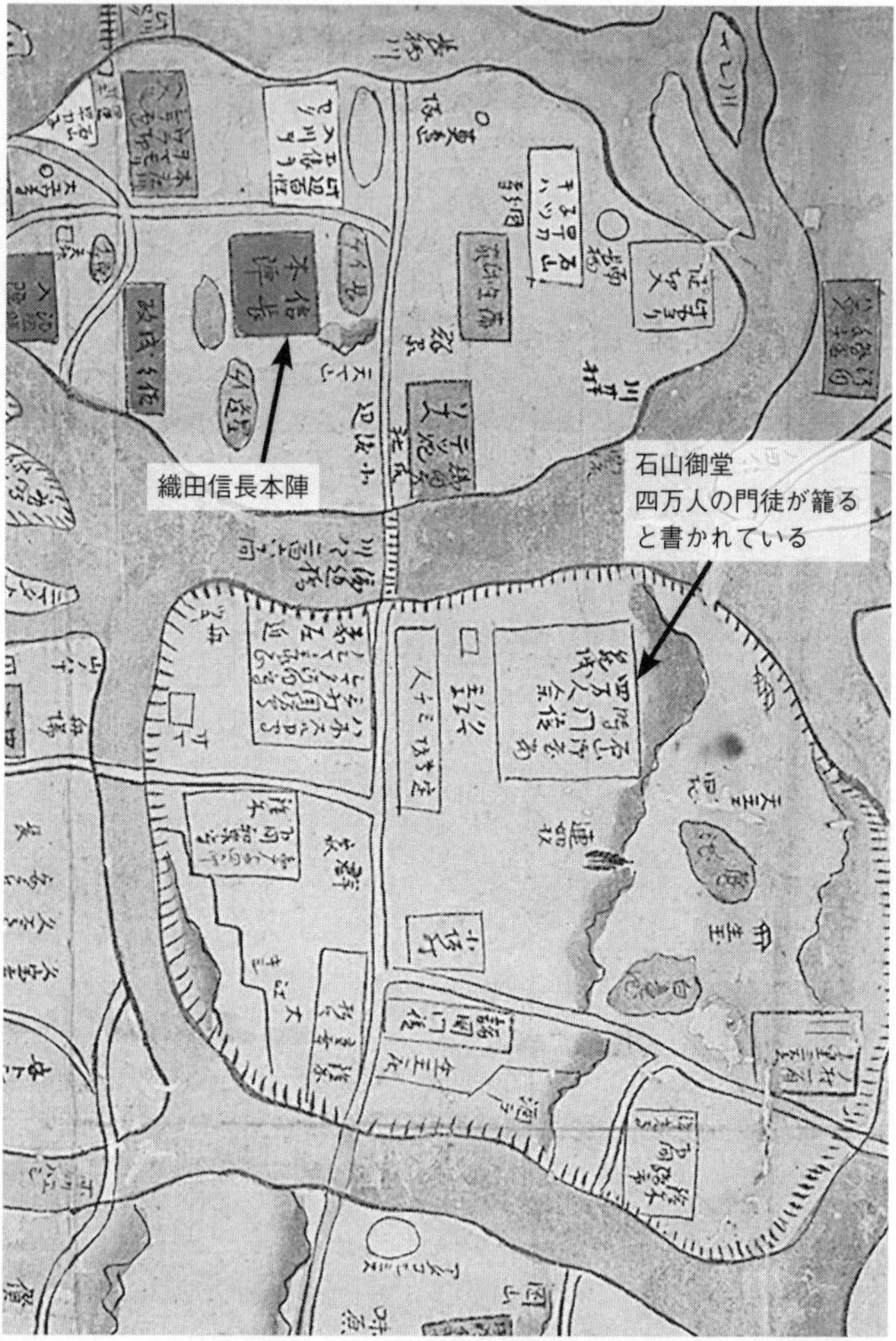

石山合戦配陣図より一部（ページ上が北）

五月三日早朝、直政と康長が三津寺の砦に攻め込むと、本願寺方は楼岸から援軍を送り込んだ。その結果、直政が討死するなどし、織田勢は敗北を喫した。本願寺勢は天王寺城まで攻め込むと、城を守っていた信栄・光秀と近江衆は想定外のことに狼狽したという。

その後、信長は佐久間信盛を天王寺に入れると、七カ国の軍団を任せて総大将とし、態勢を整えたのである（谷口：二〇〇二）。

木津川口での海戦

天正四年七月、毛利方の能島・来島らの水軍七〇〇～八〇〇艘が本願寺に兵糧を搬入すべく大阪湾に押し寄せると、木津河口で織田水軍三〇〇艘と激戦となった。毛利水軍は織田勢に勝利し、本願寺に兵糧を搬入することに成功した。

天正五年八月、天王寺の付城《つけじろ》を守備していた松永久秀・久通父子が本願寺側に寝返ると、居城の信貴山《しぎさん》城に籠城した。十月、織田信忠《のぶただ》が信貴山城を攻撃すると、久秀・久通は敗死した。翌天正六年二月、それまで信長に従っていた播磨《はりま》国三木《みき》の別所長治《べっしょながはる》が本願寺・毛利方に寝返り、十月には摂津国有岡城の荒木村重も信長を裏切った。しかし、翌天正七年二月に有岡城が、三木城は天正八年正月にそれぞれ落城し、信長は危機を脱した。

天正六年六月、信長は伊勢の九鬼嘉隆《くきよしたか》に鉄甲船六艘、滝川一益にも大船一艘を建造させた。その直後に大阪湾を封鎖し、毛利水軍による本願寺への兵糧搬入を阻止しようとした。十一月、毛利水軍六百余艘が大坂に兵糧を運び込もうと木津川口に現れたが、九鬼水軍がこれを追い払ったので、海上からの本願寺への物資搬入が困難になった（中村：二〇一八）。

籠城派を残し退去した顕如

本願寺が少しずつ孤立する中で、翌天正七年九月には信長方に備前《びぜん》国岡山の宇喜多直家《うきたなおいえ》が寝返り、先述のとおり十二月には有岡城、八年正月に三木城が落城したので、籠城の継続が困難になっていた。天正七年十二月になると、信長は朝廷に本願寺との和睦の仲介を要請した。

天正八年三月、両者は和睦に合意したので、誓紙を互いに交わすこととなった。信長から提出された起請文には、本願寺が大坂を退けば「惣赦免」（すべての罪や過失を許すこと）にすると書かれていた。さらに、新しい本願寺に往還する末寺の安全も保障するので、七月の盆前に大坂を退去すること、信長側に本願寺方の花熊・尼崎の両城を引き渡すことなどを条件に定めた。別の箇条には本願寺に加賀国二郡を返付するとあるが、全体としてこの和睦は本願寺側の敗北だったといえよう。

和睦交渉の進展に不満を抱いたのは、顕如の長男教如《きょうにょ》である。教如は顕如の後継者と目されていたが、信長に不信感があったので籠城の継続を強硬に主張した。結局、顕如は、四月九日に大坂を退くと、紀州鷺ノ森御坊に向かった。和睦に反対した教如ら籠城派を残したままだった。

一方、大坂に残った教如らは、大坂死守に尽力するよう諸国の門徒に戦闘の継続を求めたが、信長方の猛攻や顕如側からの切り崩しにより厳しさが増していった。同年七月、尼崎城や花熊城が信長方に渡った頃には、教如も信長と和睦を結ばざるを得なくなり、前関白・近衛前久《このえさきひさ》の仲介で和睦を締結したのである。

八月二日、教如は父のいる紀州に逃亡したが、このとき本願寺の伽藍がすべて焼失した。教如退去後の本願寺焼亡は、人為的なものなのか否か、丸三日間焼け続けたのか一晩だけだったのか、史料や論者により見解は異なるが、栄華を誇った大坂の本願寺御坊が全焼したのは事実である。信長が焼失後の大坂本願寺に入ったのは、十日後の八月十二日のことだった（中村：二〇一八）。

大坂をなぜ石山と称するのか

本章で「大坂本願寺」と表記する本願寺は、これまで一般的に「石山本願寺」と表記されてきた。なぜ大坂のことを石山と称していたのか、実は確かな理由はわかっていない。顕誓（蓮如の孫）の「反故裏書」（永禄十一年成立）には、蓮如が大坂御坊を建立した際、その御堂の礎（柱の基礎石）とすべき石が、不思議なことに地中に最初から掘り起こされるのを待っていたかのように存在した、と記している。直接「石山」と明言していないが、この地が「石山」と呼ばれることになった経緯を示唆する興味深い記録である。

長らくこの記録の真偽は不明だったが、昭和三十四年（一九五九）に実施された本丸発掘調査で事実であることが判明した。この時見つかった本丸詰ノ丸の隅櫓の石垣石の中から、古代の宮殿または寺院の礎石と考えられる花崗岩が発掘された。仮に、詰ノ丸普請に先立って整地した際、見つかったものを再利用すれば、この花崗岩が「反故裏書」の「御堂の礎の石」だったことも否定できない。

しかし、本願寺の大坂時代に「石山本願寺」と記した史料は、残念ながら今も発見されていない。おそらく江戸時代になり、人々が大坂本願寺の時代にさかのぼって、「石山」

と呼称したのではないかと考えられてきた。
しかし近年、豊臣時代の大坂城を「石山御城」と呼称した例が紹介され、「石山」の呼称は豊臣大坂城に由来するのではないかと指摘された（中村：二〇一八）。

大坂本願寺のその後

教如が大坂を退いた後、信長は八月十二日に京都を出て宇治橋を見物し、そのまま船に乗って大坂へ行き、本願寺に入った。ただ、この時点での本願寺は、堂塔伽藍が灰燼《かいじん》に帰し、焼け跡となっていた。信長は、この後の本願寺跡地（以下「大坂城」と表記する）にかかわる仕置（処置）を行った。

まず信長は、足掛け五年におよぶ籠城戦で、信長軍の総大将を任されながら本願寺を攻略できなかった佐久間信盛父子に対し、十九カ条の折檻状を認《したた》めて厳しく糾弾した。

折檻状では、佐久間父子が本願寺攻めの五年間に目立った働きもなく、ただ時間だけをいたずらに浪費したこと、信長の家臣の中では格別に三河や尾張のほか、当時信長の支配力の及ぶ計七カ国から与力を付け、それに佐久間自身の「人数」（家来）を加えて働けば勝てたはずなのに、そうしなかったので負けたこと、与力のみを働かせ佐久間自身の家来を抱えず、いい加減な所領支配をしたことなどを挙げて非難した。この後、佐久間父子は高野山に追放された（片山：二〇二〇）。

その後信長は、この大坂城の守備体制について、重臣の丹羽長秀と織田信澄《のぶずみ》を留守居役に任命し、自身の番城とする旨を伝えた。千貫櫓のある二ノ丸には織田信澄が入り、本丸には丹羽長秀が入った（『細川忠興軍功記』）。また、天正十年五月、信孝《のぶたか》（信長の三男）が大坂の本丸に入った際には長秀がこれを支え、信澄は二ノ丸にいたという（『武徳編年集成』）。信孝は四国に渡海するため、大坂に来ていた。これらの記録からは、信長番城時の大坂城が本丸・二ノ丸という二重の曲輪《くるわ》から成っていたことがわかる。

この時期の大坂城を知る史料は大変乏しく、その実態などについては不明なことが多い。ただし、本願寺の退去後、そのまま寺内の町は存続したと推測され、二ノ丸は武士・町人が混在した地域だったと考えられる。

信長は大坂を手に入れると、ここを拠点として土佐の長宗我部《ちょうそかべ》元親《もとちか》が勢力を誇っていた四国への侵攻を目論んだ（中村：二〇一八）。しかし、その直前に本能寺の変が勃発し、実現に至らなかったのである。

〔主要参考文献〕

大澤研一「中世大坂の道と津」（『大阪市立博物館研究紀要』三三、二〇〇一年）
片山正彦「『江濃越一和』と関白二条晴良」（『豊臣政権の東国政策と徳川氏』思文閣出版、二〇一七年、初出は二〇〇七年）
同「信長家臣団における『勝ち組』『負け組』とは」（日本史史料研究会編『信長研究の最前線』朝日文庫、二〇二〇年、初出は二〇一四年）
戦国合戦史研究会編『戦国合戦大事典　第四巻』（新人物往来社、一九八九年）
谷口克広『織田信長合戦全録』（中公新書、二〇〇二年）
同『織田信長家臣人名辞典　第二版』（吉川弘文館、二〇一〇年）
中村博司『大坂城全史』（ちくま新書、二〇一八年）
同『天下統一の城　大坂城〈改訂版〉』（新泉社、二〇二二年、初出は二〇〇八年）

第二部

秀吉の攻城戦

第六章

三木城の戦い——兵糧攻めによる過酷な籠城戦

金松　誠

播磨屈指の大規模城郭

三木《みき》城（兵庫県三木市）は、美嚢《みのう》川左岸の三木台地北端に位置する。北西側に美嚢川が流れ、城の背後となる南側には深い谷が入り組んだ丘陵地帯となっており、敵の攻撃を防ぐのに便利な場所に構えられていた。城の周囲には、五つの街道（有馬道・姫路道・東條道・兵庫道・明石道）が通っており、城はこれらの街道を掌握していたとみられる。

三木城を築いたのは、三木別所《べっしょ》氏の初代当主則治《のりはる》とみられる。長享《ちょうきょう》二年（一四八八）、則治が播磨《はりま》国三木郡久留美《くるみ》荘を拠点として、東播磨八郡を管轄する守護代に任じられてからと考えられる。天正六年（一五七八）三月から同八年一月十七日までの一年十カ月にわたる羽柴秀吉を主将とする織田信長方と別所長治《ながはる》方との間で繰り広げられた三木合戦の舞台となり、三木城の周囲には織田方の付城《つけじろ》が数多く築かれ、兵糧攻めが行われた。

三木合戦後も三木は播磨における京都や大坂からの入口として重要な場所であったため、杉原家次、前野長康、中川秀政・秀成が城主となった。文禄三年（一五九四）の中川移封後は豊臣家の蔵入地《くらいりち》（直轄地）となり、廃城となったようで、城内の大半は畑地化された。

慶長五年（一六〇〇）、池田輝政《てるまさ》の姫路入封に伴い、池田領六支城（三木・船上《ふなげ》［明石］・高砂《たかさご》・龍野《たつの》・平福《ひらふく》［利神《りかん》］・赤穂《あこう》）の一つとなり、家老の伊木《いぎ》忠次が入城し、再び城としての機能が復活した。しかし、元和《げんな》元年（一六一五）の一国一城令によって廃城となった。

縄張りは、美嚢川に面した丘陵端の本丸及びその南に堀を隔てて位置する二の丸を中心部とし、南構・新城・鷹尾口・今宿・鷹尾山城・宮ノ上要害で構成され、各曲輪《くるわ》が並立する構造となっている。規模は東西約六〇〇メートル、南北約七〇〇メートルを測り、南側は丘陵と谷、他三方を急崖に囲まれている。南側に鷹尾山城と宮ノ上要害を配置し、背後の防御性を高めている。石垣は確認できず、土造りを基本とする。戦国期における播磨屈指の大規模城郭といえる（金松：二〇二二）。

深まる織田・毛利の対立

永禄十一年（一五六八）に上洛を果たし足利義昭政権樹立の立役者となった織田信長は、中国地方最大勢力を誇る安芸《あき》郡山《こおりやま》城に拠る毛利元就《もとなり》に対し、当初友好関係を築いており、別所家も両者に与《くみ》していた。しかし、織田・毛利は次第に対立を深めていく。

天正四年（一五七六）二月、京都を追われていた将軍義昭は毛利輝元《てるもと》を頼って備後《びんご》国鞆《とも》（広島県福山市）に入った。義昭は、再上洛の意志が固く、上杉謙信・武田勝頼《かつより》・北条氏《うじ》政《まさ》・大坂本願寺等に協力を求めるなど、信長打倒を画策したが、これは織田と毛利の決裂を招いた。長治は、赤松則房《あかまつのりふさ》らとともに織田方として毛利と対峙することになる。そして、北近江《おうみ》（伊香・浅井・坂田郡か）を治める長浜城（滋賀県長浜市）主の羽柴秀吉を主将とする中国攻めへと発展し、この緒戦が両勢力の中間に当たる播磨において繰り広げられた。

天正五年（一五七七）十月二十三日、織田信長の命を受けた羽柴秀吉が播磨へ出陣した。二十八日には、秀吉は播磨国中の国衆から悉《ことごと》く人質を取り、織田方への帰属を誓わせた（『信長公記』〈以下「信」とする〉）。ついで、秀吉は但馬《たじま》南部の朝来《あさご》郡及び日本有数の銀の産出量を誇る生野《いくの》銀山を傘下に収めたとみられ、毛利方の山名氏勢力に睨みを利かせた。

その後、秀吉は播磨西部へ転戦し、十一月二十七日に赤松七条家の佐用郡上月《こうづき》城（兵庫県佐用町）攻めを開始し、黒田官兵衛孝高《よしたか》・竹中半兵衛重治《しげはる》を先鋒として福原城（佐用町）

慈眼寺山城
久留美村大家
内谷上付城
東條道
平井村
中村間ノ山付城
平井山ノ上付城
志染川
宿原城
有馬道
和田村
四合谷村ノ口付城
君ヶ峰城
二位谷奥付城A
二位谷奥付城B
二位谷奥付城C
小林八幡神社付城
兵庫道

三木城周辺拡大図
金松誠『秀吉の播磨攻めと城郭』をもとに作成

を攻め落とすと、十二月三日、秀吉軍は上月城内に乗り入れ、これを落とした。秀吉は、上月城に尼子《あまご》勝久《かつひさ》・山中幸盛《ゆきもり》等を入れて守備させ、その一門の女・子供・老人は人質として三木に入れ置いた（「下郷共済文庫所蔵文書」）。このように、秀吉は毛利方との最前線となる上月城を確保し、三木城は織田軍の東播磨における拠点になっていたといえる。

長治、信長を見限る

天正六年（一五七八）二月二十三日、羽柴秀吉は播磨へ再び出陣し、別所氏の与力である加古川の糟屋《かすや》武則《たけのり》の城を借り、兵を入れた。秀吉自身は書写山《しょしゃざん》（兵庫県姫路市）に上り、要害を構えて在陣している（「信」）。

このようななか、突如として別所長治が叛旗を翻した。長治が「存分」（恨み）を申し立て、三木城に立て籠もった（「信」）。「播州御征伐之事」（以下「播」とする）によると、三月七日、秀吉が播磨国衙《こくが》（兵庫県姫路市）に布陣し、長治の叔父賀相《よしすけ》も同じく在陣したが、秀吉がこの地に入り、思いのままにしていることについて、最後には災いが身に及ぶであろうことから離反し、途中で帰ったという。同じく長治の叔父重棟《しげむね》はそのまま秀吉に味方し、長治と秀吉の間に立ち、数十度に及び説得を試みたものの、賀相が反対したため失敗に終わった。

三月十三日、織田信長は秀吉に対し、長治との間で揉めごとが生じたことを聞き及んでいるとし、長治はこれまで忠節を尽くしてきているので、何とか説得するよう命じた（「泰《たい》巖《がん》歴史美術館所蔵文書」）。しかし、秀吉による説得も功を奏さなかった。

別所氏らの離反は、足利義昭が大きく関わったようである。三月八日、毛利方の村上光吉・清次は雑賀《さいか》御坊惣中《ごぼうそうちゅう》に対し、義昭の仰せにより羽柴勢を打ち破るため、毛利方が押さえていた淡路岩屋（兵庫県淡路市）へ警固衆約三〇〇人の派兵を求めている。そして、三木の別所長治、高砂の梶原景秀《かじわらかげひで》、明石の明石則実《のりざね》その他の国衆が、毛利氏に味方した旨を伝えている（「鷺森《さぎのもり》別院文書」）。ここからは、三月八日までに別所氏以下の播磨国衆のほとんどが織田方から離反したことがわかる。

十九日には、義昭は吉川元春《きっかわもとはる》に対し、このたび別所氏以下を味方に引き付けたので、毛利輝元・小早川隆景《こばやかわたかかげ》とともに、播磨に加勢に行くよう申し付けている。これにより、長治やその他の播磨国衆は、義昭の調略により毛利方に味方し、大坂本願寺・紀伊雑賀衆等と反織田包囲網を形成し、織田方との戦いに臨むこととなった。

このような情勢下、信長は長治征伐を本格化させることとなった。二十二日に信長は秀吉を介して黒田孝高に対し、長治の離反を言語道断とし、これを成敗するよう命じた（「黒田家文書」）。信長は、長治の裏切りの理由について、秀吉に対する「存分」を挙げている。二十七日、信長は秀吉に対し、秀吉が求める人数を派遣すること、自身の出馬も前向きに考えていることを伝えた（「黒田家文書」）。

三木城周辺、上月城における攻防

三月二十九日、羽柴秀吉は三木城に押し寄せた（「別所長治記」）。それに対し、別所長治は、四月一日には秀吉に一味した細川荘（兵庫県三木市）の領主冷泉為純《れいぜいためずみ》を攻め、為純・為勝父子を討ち取っている（「惺窩《せいか》先生系譜略」）。

こうした動きに対し、秀吉は東播磨の反織田方の攻略を進めていく。まずは、別所方の長井四郎左衛門の籠もる野口城（兵庫県加古川市）を攻めた。三日三夜にわたる激しい攻撃により、四月十二日、四郎左衛門は降参し、秀吉はこれを許して逃がした（「播」）。

その頃、別所氏を支援するため毛利方が播磨に入り、織田方の西播磨の拠点上月城を取り囲んでいた。秀吉は上月城の救援に向かい、高倉山（兵庫県佐用町）に布陣したが、毛利方の勢力に圧倒されたことから、六月十六日、上京し信長に救援を求めた。しかし、信長からの返事は、上月救援をあきらめて、三木城を支援する神吉《かんき》（兵庫県加古川市）、志方《しかた》（同）両城の攻撃を優先し、その後三木城を取り詰めるべしというものであった。そこで、秀吉はやむなく上月城の救援をあきらめ、六月二十六日、書写山に入った（「信」）。そして七月五日、上月城は毛利方の手に渡った。

信長の命令を受け、織田信忠《のぶただ》を主将とする織田方が神吉城を包囲したのは、六月下旬のことであった。七月十六日、織田軍は城主神吉民部少輔《みんぶのしょう》を討ち取り、これを攻め落とし、志方城も人質を出して降服した（「信」）。

付城構築による兵糧攻め

七月十六日に神吉・志方両城を落とした織田方は、そのまま三木に向かい、別所長治が立て籠もる三木城に総勢で攻め寄せ、要所に近々と複数の付城の構築が始まった（「信」）。同日、但馬竹田城（兵庫県朝来市）に在陣していた羽柴秀吉は、近日中に三木城から五、六町（約五五〇～六六〇メートル）辺りに「取出《とりで》」を構える方針を示した（「新免文書」）。そして、七月下旬に秀吉は三木に向かい、付城構築に取りかかることとなった。三木城から一、二里（四～八キロ）の間に付城を構築し、その内の二、三カ所に軍勢を入れた上で、秀吉は平山という峯に居城を築いたという（「播」）。

九月十五日、秀吉は高田長左衛門尉・浅野長政に対し、別所重棟のもとに置かれている葺板《ふきいた》について、「此方」（平井山ノ上付城か）で建築中の一〇間×五、六間の家の屋根を葺くために、早々に持参するよう命じている。またあわせて、三木への兵糧以下の搬入通路を塞ぐことを堅く申し付けている（「浅野文書」）。兵糧攻めと付城における作事が進んでいる様子がわかる。織田方の付城構築による兵糧攻めは、当初からの作戦であったことを示すものといえよう。

十月十五日朝、秀吉は「播州三喜の付城」において、堺の茶人津田宗及《つだそうぎゅう》を招いて茶会を催した（「津田宗及茶湯日記」）。これは、秀吉が初めて主催した茶会であった。

それと前後して、十月十四日に信長家臣で摂津《せっつ》国主の荒木村重《むらしげ》が離反し毛利方に与した。そして、居城の有岡城（兵庫県伊丹市）に立て籠もった。十月二十二日、村重の謀叛《むほん》と示し合わせるかのように、別所方では長治の叔父賀相と弟の治定《はるさだ》を大将として、三木城から平井山の秀吉本陣への襲撃を試みた。別所方の見立てとしては、敵兵は三、四千人、三木城内の兵は七、八千人であることから、勝てる見込みのある戦と考えていたという。しかし、別所方は治定をはじめ数十人が討死するなど大敗を喫した（「播」）。

天正七年（一五七九）二月二十三日、秀吉は赤松則房奉行人の鳥居職種《とりいもとたね》・祝融軒周登《しゅくゆうけんしゅうとう》に対し、長治が和睦を申し入れてきたと聞き、諸将から取り次ぎがあったが承諾できないので、一切許容しないよう申し伝えている（「大阪城天守閣所蔵文書」）。長治による最初の和睦交渉であった。

淡河城攻めで補給路を断つ

四月になると、織田信長の命により、播磨に軍勢が再び派遣された。八日に、越前衆の不破《ふわ》光治《みつはる》・前田利家・佐々《さっさ》成政《なりまさ》・原長頼・金森長近、織田信澄《のぶずみ》・堀秀政《ほりひでまさ》、十日に丹羽長秀・筒井順慶《じゅんけい》・山城衆、十二日には織田信忠・信雄《のぶかつ》・信包《のぶかね》・信孝《のぶたか》が出陣している。そして、同日に猪子兵介《いのこひょうすけ》・飯尾《いいのお》隠岐《おき》が三木方面の付城普請の検使として派遣されている（「信」）。

四月十八日、信忠の軍勢は三木方面で別所方の足軽部隊の攻撃を受けたが、数十人を討ち取った。二十六日には信忠が三木方面において要所に六カ所の付城を築き、三木城の包囲をさらに厳重なものとしている（「信」）。

三木方面における付城構築を終えた信忠は、四月二十九日に古池田（大阪府池田市）に帰陣し、信長に播磨方面の状況を報告した。そして、信長は越前衆・丹羽長秀に対し、三木

黒井城
丹波
八上城
摂津
淡河城
三木城
丹生山
有岡城
花熊城
魚住城
兵庫津

三木城周辺広域図
金松誠『秀吉の播磨攻めと城郭』をもとに作成

郡淡河城《おうご》（神戸市北区）へ向かい付城を構築するよう命じた（「信」）。

毛利方は、兵庫（神戸市兵庫区）に上陸し、花熊城（神戸市中央区）を拠点として、丹生山《たんじょうさん》（神戸市北区）・淡河経由で三木城へ兵糧を運び込んでおり（「播」）、淡河城攻めはその補給路を断つために行われることとなる。

五月十九日、別所長治は花熊城に詰めていた小早川隆景家臣で水軍を率いる乃美宗勝《のみむねかつ》に対し、書状を送った（「乃美文書」）。淡河城の戦局について、羽柴秀吉が一両日以前に攻めてきて、付城を二、三カ所構築したことについて、城内からの使者から報告があった旨を伝えた上で援軍を要請し、丹生山も注視するよう申し伝えている。二十日、隆景は宗勝に対し、長治救援のため、急いで普請衆・鉄炮衆等の援軍及び兵糧一〇〇〇俵・鉄炮・玉薬を輸送することを命じ、軍勢を大船で送るので、岩屋と兵庫で小船に積みかえるよう指示している（「乃美文書」）。

しかし、毛利軍の援軍も間に合わず、五月二十五日、秀吉方は丹生山の海蔵寺《かいぞうじ》取出を夜中に忍び入って乗っ取り、翌日には丹生山の北麓の淡河城を開城に追い込んだ（「信」）。これにより、三木城は東側からの兵糧の補給ルートが閉ざされてしまう。五月二十九日、小早川隆景は乃美宗勝と毛利氏直轄水軍（川ノ内警固衆）の中心人物である児玉就英《なりひで》に対し、丹上山の陥落は仕方がないことであるとし、三木や摂津・播磨の境目の様子を知らせるとともに、引き続き兵員と兵糧を送り届けるよう指示している（「小早川文書」）。

毛利軍による三木城救援

五月下旬に花熊方面からの補給ルートが閉ざされた別所方に対し、毛利方からの援軍はいまだ到着していなかった。六月六日、別所長治は児玉就英や乃美宗勝・鵜飼元辰《うがいもととき》に対して再度書状を送り、窮状を訴えている（「乃美文書」）。このなかで、長治は魚住《うおずみ》城（兵庫県明石市）を支障なく取り堅めている由、風聞している旨を伝えている。

そして、先日（五月十九日）出した書状の返書がなく、心もとないことから、様子を詳しく教えてほしいこと、毎日煙が見えており味方も心強く思っていること、野之上に付城一カ所を構築した以外は特に変わりがないこと、通行困難になっていることを伝えている。ここからは、毛利方とのやり取りが困難になっている様子が見て取れるだろう。毛利方も宇喜多《うきた》氏の離反が表面化しており、速やかな対応に苦慮していたようである。

六月十三日、秀吉に与力として仕えた竹中重治が三木の陣中で病死した。享年三十六であった（「寛永諸家系図伝」）。

このような情勢下、ようやく毛利輝元は小早川隆景に対し、三木城救援のために数百艘の出航の準備を命じた。まもなく援軍が夜陰に紛れて明石浦魚住に上陸した。乃美宗勝・児玉就英、さらには雑賀の士卒も加勢し、魚住城に陣している。以後、毛利方は魚住を拠点として三木城への救援を試みるようになる（「播」）。

これに対し、秀吉方は、三木・魚住の通路を塞ぐために、君ヶ峰城をはじめとする周辺の五、六十もの付城の間に番屋・堀・柵などの防御施設を設置したという（「播」）。これにより、三木城の食糧不足は深刻なものとなっていった。

このようななか、六月には反織田勢力の間で信長との和談が検討された（「乃美文書」）。しかし、長治と荒木村重のいずれかは徹底抗戦を主張していたとみられ、結局のところ意思統一は叶わなかったようである。

籠城を続ける長治は、家臣尾越と養林軒雲甫龍岫《ようりんけんうんぽりゅうしゅう》を魚住に派遣し、到着したばかりの児玉景栄《かげひで》・鵜飼元辰に対して早急な救援を求めた。隆景は、毛利輝元と調整して、軍兵・兵糧の早期輸送を図るとともに、六月二十四日には乃美宗勝に対し、まずは雑賀衆を動員することが肝心である旨を指示している（「乃美文書」）。

七月十一日、長治は宗勝のもとに、雲甫龍岫・梶原景秀・岡神を派遣した（「乃美文書」）。

そして、三木方面の様子はその後変わったことはないこと、笠岡（岡山県笠岡市）から元辰・景栄が魚住に着岸したこと、火急の救援に満足であることを申し伝えている。七月に入っても、毛利方が魚住を拠点として三木城救援を試みていること、三木・魚住間のやりとりが何とかできていることが確認できる。

助命か、「干し殺し」か

九月十日、三木城へ兵糧を搬入したい毛利方は、小寺政職《こでらまさもと》・曽根・衣笠の軍勢を派遣して平田・大村付近を襲い、同時に別所方が三木城内から出撃して兵糧を三木城内に運び込むため、谷大膳の陣所を攻撃した。両軍の衝突により、秀吉方は谷大膳が討死したが、別所方も兵糧搬入部隊が秀吉方の攻勢を受け、別所甚大夫、三大夫等多くの武将が討死したほか、安芸・紀伊の軍勢も数十人が討死している（「信」「乃美文書」「井原家文書」）。

徐々に追い詰められた別所長治と荒木村重は、降参を申し出、助命を求めた。しかし、信長は拒否し、その一方で宇喜多直家《なおいえ》の降参は受け入れている（「淡輪文書」）。長治にとって、二度目の和睦交渉決裂であった。信長は妥協することなく、徹底的に両者を征伐する道を選んだといえる。

十月七日、平田大村合戦に勝利した秀吉方は、南は八幡山、西は平田、北は長屋、東は大塚に付城を築き、さらに三木城包囲網を狭めた。三木城の五、六町付近では、高さ一丈（三メートル）余りの築地を築いて、石を入れ込んだ二重の塀を設け、重ねがさねに柵を設置した。川面には蛇籠《じゃかご》を伏せて梁杭《やなぐい》を打ち込み、橋上に見張りを置いて監視した。辻々には城戸《きど》を設けて秀吉の近習を交代に番におき、付城守将の通行手形のない者を一切通さなかった。夜でも篝火《かがりび》を焚いて白昼のようであったという。また、三木城内に蓄えた食糧は尽き、餓死者が数千人出た。初めは糠《ぬか》・秣《まぐさ》を、中頃には牛馬・鶏・犬を食し、ついには人を刺し殺してその肉を食べたという（「播」）。これらのことから、十月七日以降、毛利方からの組織的な兵糧搬入は行われなくなった可能性が高い。

一方、村重の戦局も芳しくなく、九月二日には尼崎城（兵庫県尼崎市）に移り、花熊城とともに抗戦を続けていた。このようななか、長治は小寺休夢斎《きゅうむさい》を介して、秀吉に降参を願う。それに対し、十月二十八日の時点で秀吉は、長治を許して三木城を受け取り助命するか、三木を「ほしころし」にするかを決めかねている様子が読み取れる（「豊太閤真蹟集」）。結局のところ、長治の願いは叶わず、まさに秀吉自身が表現した「干し殺し」という状態をもたらすことになった。

三木落城と別所一族の最期

天正八年（一五八〇）を迎えると、羽柴秀吉はいよいよ本格的に三木城攻略に取り掛かることとなった。一月六日、秀吉は三木城の南側を守備する「宮山之城」（宮ノ上要害）を乗っ取り、城下の三木町全体を押し破り、多くの敵を討ち取った。ついで櫓を七つ攻め取り、そのまま城の十間（一八メートル）から十五間の間に取り詰め、城の廻りに塀・柵を四、五重めぐらすよう申し付けた。十一日には「三木本城」と「堀一重」を隔てた「鷺山と申す構」（南構）を乗り崩し、別所長治の弟友之《ともゆき》の居城「鷹之尾」（鷹尾山城）と叔父賀相の居城「山城構」（新城）を攻略した。「山城構」には羽柴秀長《ひでなが》、「鷹之尾」には秀吉が入り、「別所小三郎丸」へ攻め寄せる状況となった（「反町文書」「播」）。

十五日になり、別所重棟は城内から小森与三左衛門を呼び出し、長治・賀相・友之へ秀吉書状を遣わし、荒木村重や丹波《たんば》の波多野《はたの》氏のようになれば末世まで嘲弄を受けることとなり、あまりに惜しいことなので、当然のこととして切腹すべきであることを申し伝えた（「信」）。これに対し長治は、三人の切腹を受け入れるとともに、城兵の助命を懇望した。秀吉は、長治の覚悟に感嘆し、城兵の助命を受け入れる旨を返答し、城内に樽酒を二、三荷送り入れた。長治は、妻子・兄弟とともに両日両夜最期の盃《さかずき》を交わしている。だが十七日、賀相は切腹を拒み、城内で焼死のうえ、遺骸を隠すことを試み、倉の中に籠もって火をかけたが、城兵により首を打たれた（「播」）。

これを見た長治は最期を悟り、一族等一〇人（長治・長治妻・長治三歳の子・友之・友之妻・賀相妻・賀相男子二人・同女子一人・家老三宅治職）は命を絶った。このとき長治は、二十三歳とされる。翌日、城兵は悉《ことごと》く城内から助け出され、秀吉は長治・賀相・友之の首を、信長による実検のため、京都へ送った（「播」）。ここに、一年十カ月の長きにわたる三木城をめぐる戦いは終焉を迎えたのであった。

三木合戦の最後は、このように、別所長治一族等の自害により、城兵が助命されたという美談が長らく語り継がれてきた。それに対し、一次史料に基づき城兵の大量殺戮《さつりく》があったとの新説が提示されている（小林：二〇一〇）。それについての反論も出されているが、これらの論点については拙著（金松：二〇二一）で整理しているので参照されたい。

秀吉による戦後復興

一月十七日、別所長治らの自害による三木開城により、三木合戦が終結した。同日、羽柴秀吉は早速三木町の復興に取りかかり、制札を交付する。三木町に来住する者の諸役免除や落城以前の債務（借銭・借米・年貢米）関係の破棄のほか、先年の通り地子銭《じしせん》を免除することなど五カ条から成る（「三木市有宝蔵文書」）。ただ、第三条及び第四条の判読困難な部分については、三木町が延宝《えんぽう》五年（一六七七）の検地による地子免除特権の取り消しを免れるための改竄《かいざん》（人為的摩滅）とみなす意見があるため、これについては、この時点まで遡るかは定かではない。

なお、秀吉はすぐに三木城に移り、整地及び水路を通して区画整理した上で、退散した住人を呼び戻した。町人は門前に市を立て、当国の大名は言うに及ばず、但州・備州の諸侍の在城が認められた。人々は屋敷を構え門戸を並べ、日を経ずして数千軒の家が建ったという（「播」）。数千軒というのは明らかに誇張だが、秀吉主導による町の復興が進められたことは間違いない。

二月三日には、秀吉はさらに次のとおり制札を交付する。在住していた百姓等の還住《かんじゅう》命令、荒地年貢の当年分の三分の二免除、還住した百姓の日役免除など三カ条から成り（「三木市有宝蔵文書」）、先の町人に対する制札と一対の政策と捉えることができる。

二十八日、杉原家次は久留美村に在所する飯尾直延に対し、秀吉の命として、悉く不作であるために肝煎百姓《きもいり》等を引き連れて田畠の耕作に努めるよう指示するとともに、屋敷土居廻りの分の賦課を免除した（「飯尾文書」）。家次は秀吉の家臣であり、二次史料の「杉原系図」（「寛永諸家系図伝」）によると三木城を領したという。このように、秀吉の命を受けた家次により、三木城とその周辺の復興が進められていったのであった。

〔主要参考文献〕

金松誠『秀吉の播磨攻めと城郭』（戎光祥出版、二〇二一年）
小林基伸「三木合戦の経緯」（『三木城跡及び付城跡群総合調査報告書』三木市教育委員会、二〇一〇年）
村井良介「別所氏と三木合戦をめぐる史料」（『新三木市史』第四巻　資料編　古代・中世、二〇二三年）
渡邊大門「播磨三木合戦に関する一考察――天正六年の情勢を中心にして」（『十六世紀史論叢』八号、二〇一七年）
同「天正七・八年における三木合戦の展開について」（『十六世紀史論叢』九号、二〇一八年）

第七章

鳥取城の戦い――「かくれなき名山」と太閤ヶ平

倉恒康一

鳥取城と太閤ヶ平

鳥取市のシンボルである久松山《きゅうしょうざん》(標高二六三メートル)。鳥取市の旧市街地の北端に位置するこの山の山頂から山麓に至る全域に、戦国時代から江戸時代にかけて城郭が築かれ、江戸時代には因幡《いなば》・伯耆《ほうき》二カ国を治めた鳥取池田家の居城となったことは改めて指摘するまでもないだろう。

JR鳥取駅から路線バスに乗り一〇分ほどで下車すると、すぐにお堀と石垣が見える。城の主要な建物は明治時代にすべて取り壊されており、現在は県立鳥取西高等学校や県立博物館などの敷地になっているが、最近城の正面玄関の復元が進められており、擬宝珠《ぎぼし》橋と中ノ御門表門の復元は完了している。復元工事は継続中であり、数年後には景観が一新される予定である。復元された中ノ御門表門の向こうには二ノ丸、三ノ丸、天球丸の石垣が並び壮観だ。特に一九世紀に補強のために天球丸に築かれた「巻石垣」は珍しい球状の石垣で、国内の城郭に現存する唯一の例という。

ただ、現在私たちが山麓で目にするこれらの景観は、いずれも江戸時代の鳥取城の遺構だ。この章で取り上げる羽柴秀吉の攻撃にさらされた戦国時代の鳥取城の遺構が現存するのは、山頂部分（山上ノ丸）と中腹部分に限られる。以下は細田隆博氏の解説（細田a）に従い、毛利氏方の武将吉川経家《きっかわつねいえ》が「日本《ひのもと》にかくれなき名山」と称した戦国時代の鳥取城の様子を見てみたい。

まず山上ノ丸だが、西側の最高所には天守台と本丸が位置し、そこから北東方向に延びる尾根づたいにU字形に曲輪《くるわ》が連続している。ここに残る天守台などの石垣は、天正九年（一五八一）の落城後に入城した宮部継潤《みやべけいじゅん》父子や、関ヶ原合戦後に城主となった池田長吉が整備したものだが、曲輪の配置は、鳥取城を攻めるために羽柴秀吉が築いた陣城である太《たい》閤ヶ平《こうがなる》を意識して吉川経家が行ったものが基本になったと考えられている。

中腹には山上ノ丸から尾根を東回りで山麓に至る東坂、逆方向に西回りで山麓に至る西坂、山上ノ丸と山麓を直結する中坂の三つの曲輪群が存在し、いずれも一部が石垣によって補強されているものの、築城から吉川経家段階までの遺構と考えられている。このうち東坂が大手とされているが、築城最初期は西坂という説もある。

ところで鳥取城攻防戦を語る上で、日本最高傑作の土の陣城とも評価されている太閤ヶ平に触れないわけにはいかない。再び細田隆博氏の解説に従い概要を述べておこう（細田b）。太閤ヶ平は鳥取城の本丸から東に一・二キロメートルの地点、本陣山（標高二五一メートル）の山頂に羽柴秀吉が築いた陣城である。鳥取城の山上ノ丸より標高が低いが間に遮るものがないため、鳥取城だけでなく鳥取城への補給路となった日本海へと続く尾根筋が一望できる。

中枢域は一辺約五〇メートルの方形となっており、その周囲を空堀と随所で屈折した土塁が囲み、土塁の南西隅に設けられた櫓台には天守に相当する象徴的な建物が存在した可能性も指摘されている。太閤ヶ平から延びる尾根には兵隊が駐屯したと推定される帯曲輪のような小規模な曲輪が雛段状に続き、尾根の末端には陣が築かれている。そしてそのうち鳥取城側に面した陣どうしを総延長七〇〇メートルもの二重竪堀・竪土塁・横堀で結ぶ大防衛ラインが形成されている。

それでは「日本にかくれなき名山」と「日本最高傑作の土の陣城」を舞台にした鳥取城

攻防戦について話を進めたい。

織田信長と毛利氏の関係

ここでは先行研究に導かれながら、鳥取城で織田氏と毛利氏が衝突するに至るまでの両者の関係を、山陰方面の政治動向に注意しつつ振り返っておこう（本節、次節では特に断らない限り、山陰方面の動向は岡村a、b、c、織田信長の動向は池上：二〇一二に依っている）。

永禄十二年（一五六九）、山中幸盛《ゆきもり》をはじめとする尼子氏の旧家臣団が尼子氏再興のために尼子勝久《かつひさ》を擁立し、但馬《たじま》国の山名《やまな》祐豊《すけとよ》の支援を得て、但馬国から日本海を経由して出雲《いずも》国に上陸し、出雲国を席巻する。この尼子氏再興の動きが毛利氏と織田氏の間で交渉がもたれるきっかけとなった。

山名祐豊が尼子氏の再興を支援したのは隣国因幡国の動きと関係がある。永禄六年（一五六三）に因幡国では、山名一族の豊数《とよかず》が家臣であった武田高信《たかのぶ》に裏切られて守護の座を追われる事件が発生した。永禄七年（一五六四）、豊数方を支援するため、山名祐豊は因幡国に侵入したが、毛利氏の支援を受けた高信に敗北してしまう。毛利元就《もとなり》が尼子氏攻撃に注力するため、山陰東部での戦闘拡大を望まなかったこともあり祐豊と高信は和睦、以後は因幡国は毛利氏を後ろ盾とする武田高信が実質的に支配していたが、祐豊はこれに不満であったのだ。

この時、毛利氏を助けたのが織田信長であった。毛利氏からの要請をうけた信長は木下藤吉郎を但馬国に派兵して山名祐豊を攻撃し、祐豊は但馬国を追われ堺に脱出している（元亀《げんき》元年〈一五七〇〉に許されて但馬国に復帰）。この後も毛利氏と織田氏は互いの状況を報告しあう良好な関係をしばらく続けていく。

しかし、天正元年（一五七三）に足利義昭と織田信長の関係が破綻する。京都を追放された義昭が毛利輝元《てるもと》（元亀二年に元就が死去しその跡を継ぐ）に支援を求めたことで両者の関係は悪化を始める。義昭の支援要請を迷惑としてこれをかわした輝元であったが、山中幸盛が柴田勝家を通じて織田氏に支援を求めているのを察知し、支援しないよう釘を刺している。この年、再び決起した尼子勝久・山中幸盛たちは因幡国に侵入して鳥取城などを落とし、毛利氏の山陰方面司令官である吉川元春《もとはる》がその対応に追われていたのである。

その後、因幡国では毛利氏方が鳥取城の奪還に成功し、以後、山名豊数の弟豊国《とよくに》が鳥取城を守ることとなる。一方で尼子勝久らは因幡国の山間部の若桜《わかさ》鬼ヶ城《おにがじょう》（鳥取県若桜町）や私部城《きさいちじょう》（鳥取県八頭町《やずちょう》）で頑強に抵抗し続けた。ついに天正三年（一五七五）勝久たちの動きを封じるため、それまで対立していた山名祐豊と輝元は同盟を結ぶに至り、翌年には勝久たちは因幡国から撤退に追い込まれる。

こうして毛利氏の日本海側の勢力範囲は但馬国まで広がったが、信長は同盟締結を了承しつつも但馬国は自身の分国だと輝元に念押しし、溝が広がっていった（事実、但馬の国人には山名祐豊から離れ、織田氏方に付くものも多かった）。

そして天正四年（一五七六）に備後国《びんご》鞆《とも》に移動した足利義昭を毛利輝元が保護したことで、織田氏と毛利氏の対立は決定的となる。毛利輝元は信長と対立する大坂本願寺に援軍の水軍を送り、木津川《きづがわ》口の戦いで信長の軍勢に大勝したのである。

毛利氏による反攻

信長が毛利氏攻撃の責任者として指名したのが木下藤吉郎改め羽柴秀吉である。天正五年（一五七七）に播磨《はりま》国姫路に拠点を置いた秀吉は、黒田孝高《よしたか》をはじめとする播磨国の領主を配下に収めて播磨国をほぼ掌握するとともに、北に接する但馬国を攻撃して竹田城（兵庫県朝来《あさご》市）を落とすなど、優勢に進むかに見えた。

しかし、翌天正六年（一五七八）には毛利氏の反攻が始まり、播磨国の国人別所《べっしょ》氏が織田方から離反して毛利方に転じ、さらには美作《みまさか》国境にも近く毛利氏との最前線にあり、尼子勝久たちが詰めていた上月《こうづき》城が毛利氏によって落とされた。この戦いで勝久は自決、降伏した山中幸盛は護送中に殺害され、尼子氏再興の道はついに絶たれる。そして同年秋に信長から摂津国支配を委ねられていた荒木村重《むらしげ》も毛利氏方に転じ、織田氏方は大きく動揺した。

こうして戦況は毛利氏方が巻き返したかに見えたが、翌天正七年（一五七九）には山陰・山陽で毛利氏方に属していた二人の有力国人が織田氏方に転じ、逆転し始める。山陰側で織田氏方に転じたのは伯耆国東部を拠点とする南条元続《もとつぐ》であり、山陽側の国人とは備《び》前《ぜん》国を拠点に備中《びっちゅう》・美作に勢力を伸ばしていた宇喜多直家《うきたなおいえ》である。秀吉による調略が功を奏した面もあるが、毛利輝元の姿勢が離反を招いたとする見解もある。すなわち、天正七年正月に予定されていた足利義昭を擁立しての上洛計画を断念したことが、宇喜多氏のような織田氏と最前線で戦う境目の領主たちには毛利氏が頼るに値しない弱い存在と映り、離反を招いたというのである（光成：二〇一六）。

いずれにせよ、羽柴秀吉は南条・宇喜多両氏を味方にしたことで中国地方から近畿地方西部に広がっていた毛利氏領国から、但馬・播磨・因幡・美作といった東側諸国を分断することに成功する。そして、翌天正八年（一五八〇）一月に別所氏を滅ぼすと、いよいよ因幡国への侵攻を開始するのである。

第一次鳥取城攻防戦

ここからは、同時代史料を参照しつつ鳥取城の攻防戦を詳しく見ていこう。

天正八年（一五八〇）四月に羽柴秀吉は、軍勢を二手に分け、弟秀長《ひでなが》に但馬攻略を任せ、自身は現在の兵庫県宍粟《しそう》市から鳥取県若桜町に軍勢を進めた。五月末には但馬国を制圧した秀長が鳥取城下を流れる千代川《せんだいがわ》の河口に位置する港町の賀露《かろ》に上陸するとともに、伯耆国の南条氏も国境を越えて因幡西部に侵入した。秀吉も因幡国内の七つの城を落とし、鳥取城が残された。この時秀吉が落とした城の中には、但馬国と因幡国を結ぶ街道を抑える鬼ヶ城のような交通の要衝や、因幡国の地元領主から差し出させた人質と質物を預け置く重要拠点であった鹿野《しかの》城（鳥取市）が含まれており、秀吉の軍勢が毛利氏方を圧倒したことがわかる。

六月には秀吉は鳥取城攻めに取りかかり、城下の市場、山下の家を焼き払うとともに、鳥取城との二、三町の間に一五の付城《つけじろ》を設置する。さらにこの間には土堀・逆茂木《さかもぎ》・鹿垣《ししがき》を設けて「鳥ならてはかよふへき事無之」（鳥でなくては通うことができない）ほどに包囲した（「紀伊続風土記附録」所収文書）。厳重な包囲網を構築したのは、小敵だと侮って油断するなという信長からの指示があったためという（「細川家文書」）。

このような状況から勝機なしと判断した山名豊国と配下の因幡国の領主等は、六月中旬には秀吉に人質を差し出して降伏する。秀吉はこれを許容して、山名豊国や但馬国の領主等に因幡国の知行を与えて播磨国へ帰陣した（「紀伊続風土記附録」所集文書）。

こうしてわずか約三カ月で織田氏方の勝利に終わったかに見えた鳥取城攻防戦だが、八月になると吉川元春が南条氏への攻撃を開始し、南条氏の本拠である伯耆国の羽衣石《うえし》城（鳥取県湯梨浜《ゆりはま》町）が孤立する。これに呼応するように因幡国内では反織田一揆が蜂起し、政情は不安定さを増す。そして九月二十一日には山名豊国が鳥取城内の親毛利派の武将によって鳥取城を追い出され、鳥取城は再び毛利氏方に属することになる。

吉川経家の入城

羽柴秀吉の再侵攻が予想される中、鳥取城に派遣されたのが吉川元春と同族で、元春の長男元長とも親しい関係にあった石見《いわみ》国福光《ふくみつ》城（島根県大田市）の城主吉川経家である。

経家は天正九年（一五八一）三月十八日に海路、賀露に上陸し、そこから鳥取城に向かっている。約三ヵ月後の書状によると、城内には毛利氏の命令で派遣された安芸国からの加番衆が四〇〇人、因幡国の地元勢が一〇〇〇人の計一四〇〇人が詰めていた（「吉川家文書」）。

経家は秀吉の再侵攻は七月だろうが、十一月になれば雪で撤退すると予想した上で、武器弾薬は十分あり、三、四ヵ月の籠城であれば兵糧の確保も可能と踏み、籠城の準備を進める（「吉川家文書」）。

しかし肝心の兵糧の確保が問題であった。第一次攻防戦の際に秀吉は因幡・伯耆両国で兵糧四〇〇〇俵を徴発し、その上苅田《かりた》を実施したという（「吉川家文書」）。このため、秀吉方の因幡・伯耆国内の城でさえ五月の時点で兵糧不足に陥っていた（「吉川家文書」）。事態は鳥取城も同様で、被官・中間・人足の多くは病気になって使い物にならないと経家は嘆いている（「吉川家文書」）。

因幡国内からの兵糧調達が困難である以上、西の毛利氏領国から輸送してもらうほか手段はない。しかし因幡国と毛利領国の間を織田氏方に転じた伯耆国の南条氏が遮っているため、海上輸送に頼るしかなかった。このため経家は港町の賀露と鳥取城の間に丸山城を、さらに鳥取城と丸山城の間の稜線にも雁金山《かりがねやま》城を築き、輸送路の確保を図った。また、賀露が秀吉方によって使用できなくなった場合に備え、湖山池《こやまいけ》南岸を経由して日本海に面して港を抱える大崎城（鳥取市）に至るルートも確保した（細田b）。

こうしてあとは兵糧の到着を待つだけとなったが、これがうまく進まなかった。結局秀吉の軍勢が鳥取城に到達する七月になってから、吉川元春は石見国の諸浦に急遽《きゅうきょ》船舶の出動を命じたが（「藩中諸家古文書纂」十山縣十介等）、秀吉は毛利氏方が船で兵糧輸送を図ることを見抜いており（「亀井家文書」）、秀吉方の細川藤孝《ふじたか》配下の丹後《たんご》松井水軍によって大崎城等の海上輸送拠点が破壊されている（「細川家文書」）。

なお、秀吉が因幡国で米を大量に買い付けたため、経家が兵糧を調達できなかったともいわれている。経家も実家から石見銀山の銀を仕送りしてもらっており（「吉川家文書」）、因幡国で現金で兵糧を購入するという手段もあったのだろう。ただ、鹿野城を守る秀吉方の亀井茲矩《これのり》に宛てて但馬国から兵糧を船で輸送すると記す秀吉書状もあり（「亀井家文書」）、因幡国で食糧が絶対的に不足していたことは間違いない。

毛利氏方も戦災で疲弊した因幡国内からの兵糧確保が困難なことは認識できていたが、十分な量の兵糧の調達ができないまま、経家は羽柴秀吉本隊を迎えたのである。これが後に「鳥取の飢《かつ》え殺し」とも表現される凄惨な籠城戦を招くことになる。

幻の織田信長の鳥取出陣計画

鳥取城を奪われた羽柴秀吉の動きを見てみよう。秀吉は天正八年の年末に鹿野城を守る尼子氏の旧臣亀井茲矩や伯耆国の南条元続に対して翌年春の救援を約束しているものの（「牧文書」）、結局は六月下旬にずれ込むことになる。ちょうど織田信長が西国表へ天正九年春に出陣する計画が持ち上がり、羽柴秀吉はそのための姫路での御座所建設に対応する必要が生じたためでもあるが、亀井茲矩に宛てて「信長の御出馬の上ですべて片付けるので、毛利方からの些細な攻撃は相手とせず城の守りを固めるよう」指示しており（「亀井家文書」）、信長の到着を待って決着をつける計画だったようである。

ただし、信長の出陣は梅雨明け後に延期となり（「吉川家文書」）、最終的には毛利氏の重鎮が出動すれば信長も出動するという相手の出方次第に変更となる（尾下：二〇一四）。しかし、毛利輝元・小早川隆景《こばやかわたかかげ》・吉川元春のいずれも宇喜多氏・南条氏に阻まれて因幡国に進むことができず、結果として信長の因幡出陣も実現することはなかった。

この信長の鳥取出陣計画と関係するのが、冒頭でも触れた太閤ヶ平である。『信長公記』には「大将軍の居城」と記載されているが、三木城攻めと備中高松城攻めで秀吉が築いた陣城と太閤ヶ平を比較すると、太閤ヶ平が土木量と構造の複雑さで圧倒している。このことから太閤ヶ平が「大将軍」すなわち織田信長の居城となる予定であったと推定されている（細田b）。

ところで、信長は毛利氏との戦争の長期化を望んでいなかったようだ。第一次攻防戦の最中である天正八年五月頃には、丹羽長秀、武井夕庵《せきあん》、明智光秀らを介して講和の意向が毛利氏の窓口を務めた安国寺恵瓊《あんこくじえけい》に示されている。新たに味方となった宇喜多直家を信長があまり信頼していなかったことに加え、大坂本願寺・荒木村重・別所長治《ながはる》といった反信長勢力を屈服させた以上、戦わずして毛利氏を従属させたほうが容易に西国制覇を達成できると信長が判断したことがその理由と推定されている（光成：二〇一六）。

和睦の動きは吉川経家も承知しており、天正九年五月に毛利氏と織田氏の和睦の話はどなったのか、石見国に残した家臣に経家は尋ねている（「吉川家文書」）。兵糧調達がうまく進まない中、経家は和睦成立に賭けていたのかもしれない。

第二次鳥取城攻防戦

秀吉の先鋒隊は天正九年年六月に動き出し、私部城や但馬国に進んでいる（「吉川家文書」）。秀吉率いる本隊は六月二十七日に姫路を出陣し、途中、但馬国小代《おじろ》（兵庫県香美《かみ》町）の反織田一揆を「なできり」「はた物」にして滅ぼし（「正木直彦氏所蔵文書」）、七月十二日に秀吉は本陣山、すなわち太閤ヶ平に着陣した（岡村a）。

着陣した秀吉は大土木工事を敢行して総延長一二キロメートルにも及ぶ鳥取城包囲網を完成させる。鳥取城の東には秀吉本陣（太閤ヶ平）、西の山麓平野部を流れる袋川には乱杭《らんぐい》、逆茂木を設けた上で、川の左岸に浅野長政・黒田孝高・蜂須賀正勝《はちすかまさかつ》らの陣城を設けた。これらの陣城は堀・塀・柵・廊下で繋《つな》がれていたという。

南には堀尾吉晴らの陣を置き、北では、丸山城を羽柴秀長らが包囲したほか、丸山城から鳥取城への輸送ルートを守るために築いていた雁金山城を毛利氏方から奪い、ここに宮部継潤らを据えている（「吉川家文書」「金剛輪寺文書」）。秀吉はその書状で鳥取城周辺に一四、一五、あるいは三〇カ所の砦を設置すると記しているが（『萩藩閥閲録遺漏《ばつえつろくいろう》〈大玉新右衛門家〉』「金剛輪寺文書」）、現在確認できる陣城の数はこれを大きく上回り、五〇から六〇と言われている（ただし、第一次攻防戦と第二次攻防戦のいずれかで構築・使用されたか判別はできない）。

鳥取城への輸送ルートも秀吉は押さえている。雁金山城については先述したとおりだが、

鳥取城広域図
岡村吉彦『鳥取県史ブックレット１』などをもとに作成

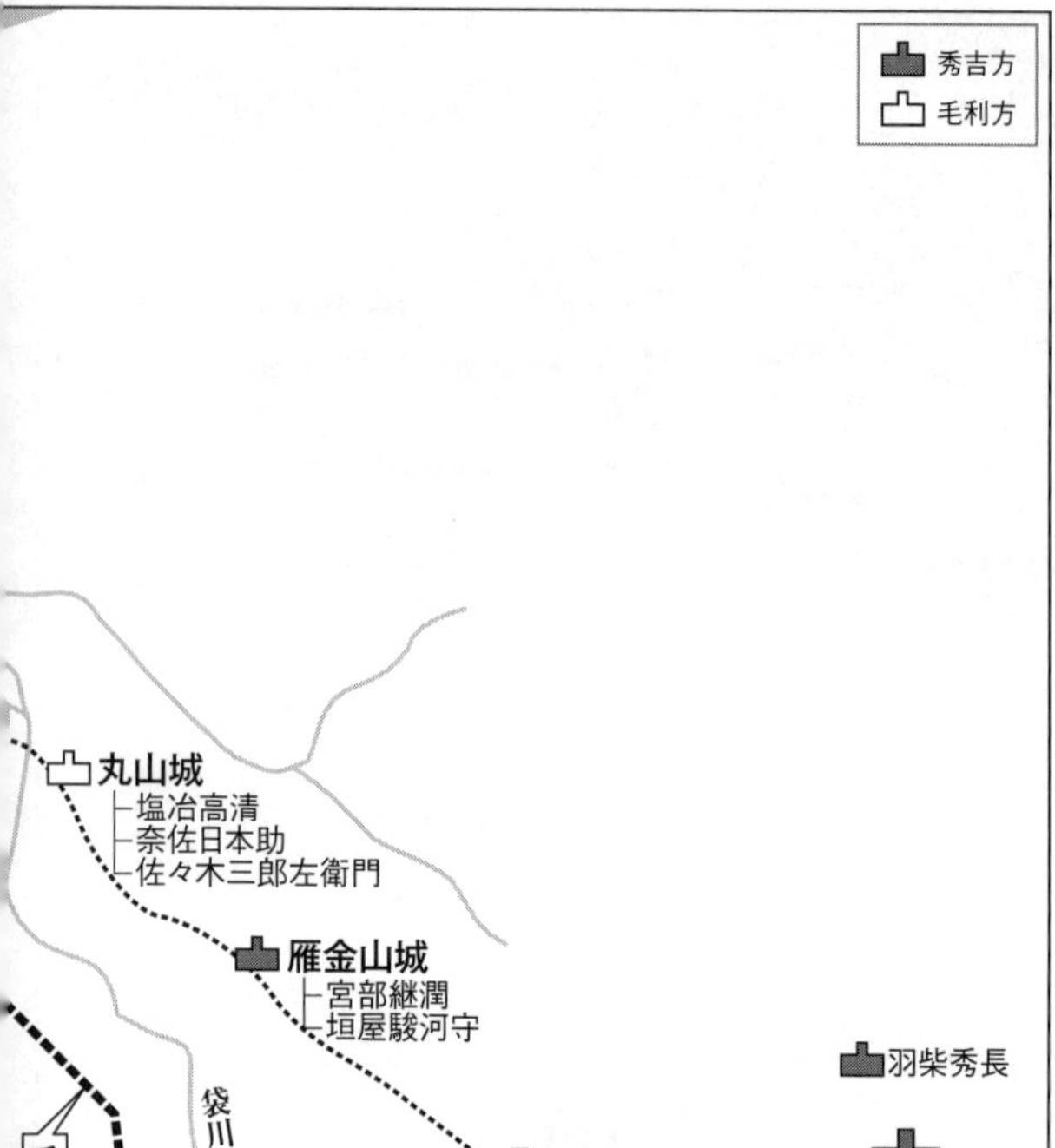

(注)現在とは川の流路が異なる

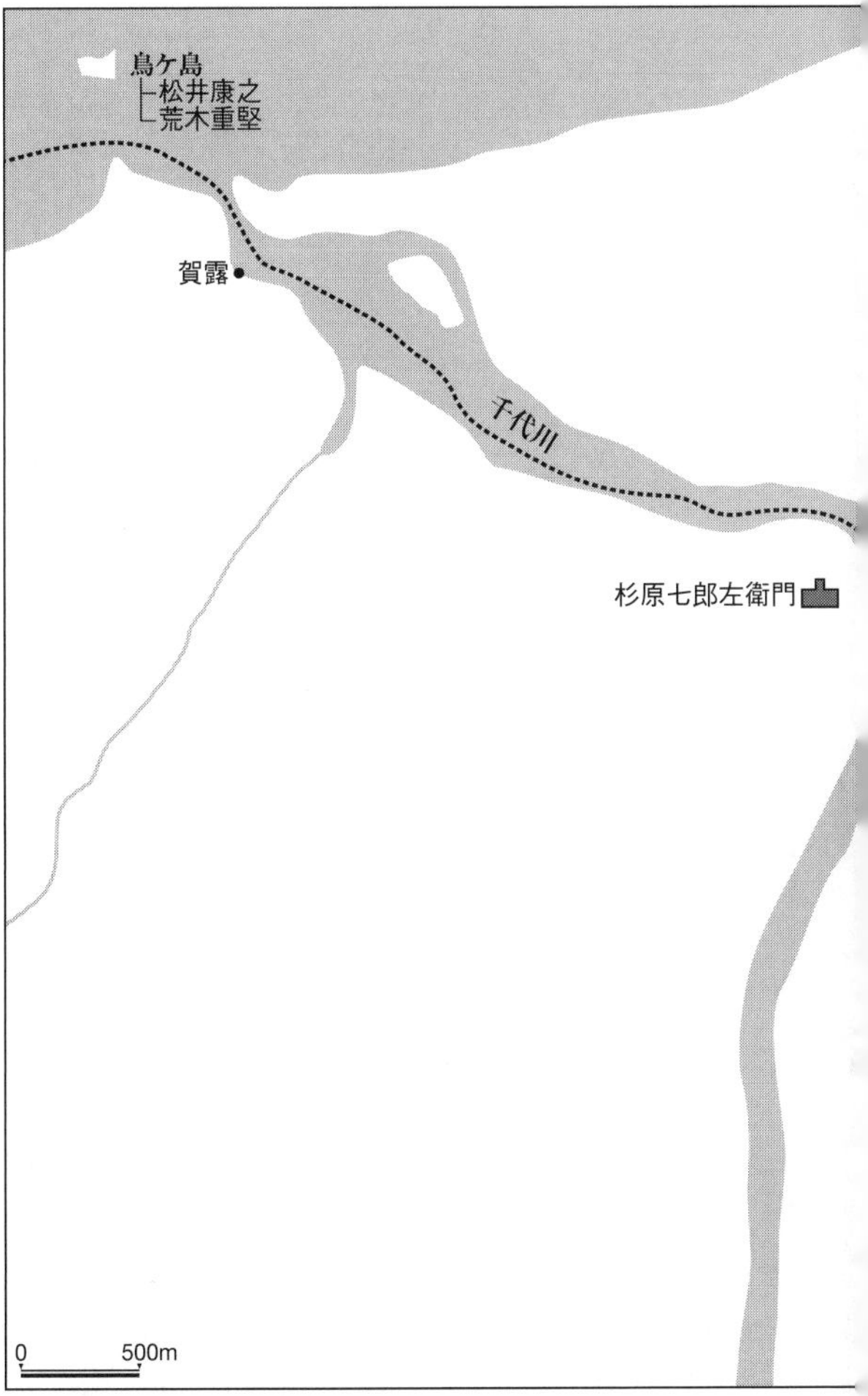

第二次鳥取城攻防戦（天正９年７月～10月）
中井均編『山陰名城叢書３　鳥取城』などをもとに作成

千代川の河口付近の日本海には軍船を停泊させて賀露への毛利氏船団の入港を阻止し、一方の湖山池南岸の陸路も、湖山池東岸に長さ約二キロメートルに及ぶと推定される土塁（一部が現存し「西桂見《にしかつらみ》の土塁」と呼ばれている）を築いて封鎖した。なお、この土塁は袋川左岸の陣城群とあわせて、吉川元春が救援に来た場合への備えも兼ねていた（細田b、坂田：二〇二二）。

こうした厳重な包囲網が築かれ、兵糧の搬入ルートが断たれた結果、早くも八月下旬には鳥取城内で餓死者が続出する事態に陥る（「沢田義厚氏所蔵文書」）。鳥取城の落城から約一〇〇年後、鳥取藩の藩医で因幡国の地誌『因幡民談記』を編纂《へんさん》した小泉友賢《こいずみゆうけん》は、食糧不足のあまり人の肉を食べたという籠城戦生存者の体験談を記している（『因幡民談記』古書之部）。

九月下旬には吉川経家の命と引き替えに城兵を助命するよう秀吉に嘆願があり（古案八）、十月二十五日早朝に吉川経家が幼子ら家族に宛てた遺書を遺して自決し、鳥取城は陥落した。交渉開始から陥落まで約一カ月も要しているが、これは山名豊国を鳥取城から追放した親毛利派の因幡国人と、織田氏支配を逃れて丸山城に立て籠もっていた但馬国の国人の切腹を羽柴秀吉が強硬に主張し、これを拒む経家との間で合意に時間を要したためである（最終的に彼らも経家と日時を前後して自決している）。但馬国人には日本海沿岸部を本拠地とした海賊衆が含まれており、彼らの生存は戦後の因幡・但馬の流通支配の障害になると秀吉が判断したと考えられている（山本：二〇〇七）。

秀吉の戦後処理

こうして鳥取城は陥落したものの、隣国の伯耆国では南条元続が吉川元春に攻められ苦戦しており、秀吉は鳥取城を落とすと救援のために伯耆国に出陣している。しかし勝敗が決しないまま秀吉が姫路に引き揚げたため、織田氏と毛利氏の対決の決着は、翌年の備中高松城攻めに持ち越されることになる。

さて、三木の干し殺し、鳥取の飢え殺しと、天正七年から九年にかけての秀吉の行状には凄惨で血なまぐさい話が多い。籠城した将兵・民衆に多数の餓死者が出たことは事実なのだが、暴虐と破壊の限りを尽くして因幡国から立ち去ったのではない。以下では戦後処理について見てみよう。

天正九年十一月四日、羽柴秀吉は亀井茲矩や服従した但馬の国人たちに因幡国内に新たな知行地を割り宛てるとともに、鳥取城に入れた宮部継潤を現地の筆頭とする体制を敷いた（日置：二〇一四）。こうして織田信長の勢力のうちの羽柴秀吉管轄領国の一つに因幡国は組み込まれた。

同時にこの時、宮部継潤に対し秀吉は国内の百姓への種籾《たねもみ》・飯米の貸与を命じ、戦災を蒙《こうむ》った百姓への配慮を見せている（「上田家文書」）。また、第二次攻防戦の際の事例だが、第一次攻防戦の時とは一転して苅田、放火等を厳禁し（「賜蘆《しろ》文庫文書」）、民衆への戦争被害を抑えようとする姿勢が見える。信長は有力家臣に対し、多数の家臣を抱えてその支配領域内に知行地を与えるよう求めており（池上：二〇一二）、因幡国を家臣の知行地として復興させることも秀吉の課題であり、そのことがこのような命令を下した背景かもしれない。

また、尾下成敏氏は、厳しい食糧事情の下で行われた第二次鳥取城攻防戦では、薪などの軍需物資を現地で強引に徴発しては現地住民の離反を招くばかりであるため、家主に事情を説明した上で乞うよう命じる軍需物資の入手方針が生まれ、後の羽柴秀吉の天下統一戦にも引き継がれたとしている（尾下：二〇一四）。

秀吉の天下統一戦に引き継がれたのはこうした民政方針だけではないという見解もある。細田隆博氏によると、太閤ヶ平の中枢区画の縄張りは、後の小田原北条氏攻めの際に築かれた石垣山城（神奈川県小田原市）や、文禄・慶長の役で築かれた肥前名護屋城《ひぜんなごや》、韓国・機張城《キジャンソン》の中枢域の祖形と位置づけられるという（細田b）。二度にわたる鳥取城攻防戦で得たノウハウを秀吉はその後の天下統一戦にどう活かしたのか、興味深い課題である。

最後に、参考文献としても掲げたが、近年、鳥取城や秀吉による鳥取城攻めを同時代史料や考古学的な調査結果に基づき解説する良質な書籍が多数出版されていることをお知らせしておきたい。読者諸賢におかれては是非手にとって参照して、現地にも足を運んでほしい。

〔主要参考文献〕

池上裕子『織田信長』（吉川弘文館、二〇一二年）
岡村吉彦a『鳥取県史ブックレット1　織田vs毛利――鳥取をめぐる攻防』（鳥取県、二〇〇七年）
同b『鳥取県史ブックレット4　尼子氏と戦国時代の鳥取』（鳥取県、二〇一〇年）
同c『但馬の城郭ブックレットⅡ　戦国期における但馬山名氏と因幡国』（山名氏城跡保存会、二〇二三年）
尾下成敏「天正九年六月二十五日付羽柴秀吉軍律掟書考」（『史林』九七―三、二〇一四年）
坂田邦彦「久松山周辺の陣城の構造と縄張り」（中井均編『山陰名城叢書3　鳥取城』ハーベスト出版、二〇二一年）
細田隆博a「鳥取城の構造と縄張り」（前掲『山陰名城叢書3　鳥取城』）

同b「『大将軍の居城』として築かれた太閤ヶ平」（前掲『山陰名城叢書3　鳥取城』）
日置粂左ヱ門「秀吉の鳥取進出と宮部継潤」（同著『史料にみる鳥取』今井出版、二〇一四年）
光成準治「備中高松城の戦い」（日本史史料研究会監修・渡邊大門編『信長軍の合戦史』吉川弘文館、二〇一六年）
山本浩樹『戦国期西国における大規模戦争と領国支配』（平成十六年度～平成十八年度基盤研究（C）（2）研究成果報告書、二〇〇七年）

第八章

備中高松城の戦い――大規模な築堤は必要だったのか

光成準治

備中高松城の地形と縄張り

備中《びっちゅう》高松城は岡山県岡山市北区高松に所在する。この地域は江戸期には中島《なかしま》村に属していた。城域は足守《あしもり》川左岸に広がる沖積平野に立地する。この平野の北側から北東部にかけては標高二〇〇～三〇〇メートルの吉備《きび》高原、北北西から南南東に縦断する足守川を挟んで南西側にも標高二〇〇メートル程度の丘陵が広がっている。古代には高梁《たかはし》川の分流がこの平野を横切って「吉備の津」に注いでいた。備中高松城が所在する微高地も北西から南東方向に向いて弓なりに形成されており、周辺部の水田との高低差から、この微高地の両側に古代には河道が存在していたと考えられる（岡山市教育委員会文化課編：二〇〇〇）。

また、備中高松城の戦い当時の山陽道がこの平野の南部を通過していたほか、備中松山

（岡山県高梁市）へ至る街道も高松から分岐しており、この地域は交通・交易上の要衝であった。さらに、江戸期の検地による高松付近の村の石高を比較すると、高松村が最も高く、戦国期においてもこの地域が農業生産上の重要地であったと推定されている（岡山市教育委員会・岡山市遺跡調査団編：一九七六）。

縄張りについて、「伝高松古城の図」によると、微高地の北西側に土壇をもつ本丸、中央部分に二の丸、南東側に三の丸があり、これらを取り囲むように微高地の北側には堀または低湿地を挟んで家中屋敷があるほか、微高地の周辺は沼地に囲まれていることが推定されている。現在、本丸と二の丸は高松城址公園、三の丸や家中屋敷の辺りは宅地や田畑などに利用されている。

本丸跡は一辺一〇〇メートル前後の方形を呈し、標高七・七メートル、比高一・八～二・三メートルで、土壇外周縁では捨石が確認されている。微高地の末端局部周辺付近に設けられた捨石は、旧自然堤防の微高地を利用して城郭を構築するにあたり、城郭構造の基底部の崩壊や侵食を防ぐための工作物と考えられている。本丸と二の丸跡の間は幅五〇メートル前後の堀で区切られている。二の丸跡は東西一〇〇メートル、東辺八〇メートル、西辺六〇メートルの梯形《はしご》を呈し、標高五～六メートルで、周縁部では捨石は設けられていない。

　二の丸跡と三の丸跡の間は幅二〇メートルの堀で区切られている可能性がある。三の丸跡は一辺一四〇メートル前後の不整方形を呈する。三の丸跡の南側では城郭の外周に掘られた堀と推定される溝、その南東部は湿地であることが確認された（岡山県古代吉備文化財センター編：二〇二〇）。

城主・清水宗治

『萩藩閥閲録《ばつえつろく》』に所収された清水《しみず》家の由緒書によると、備中高松城はもともと石川氏の居城で、清水氏は幸山《こうざん》（岡山県総社《そうじゃ》市）を居城として石川氏の麾下《きか》にあったとされる。実際に、石川氏が備中国守護代兼備中国惣社《そうじゃ》（吉備津《きびつ》神社）社務《しゃむ》代を務めていた応永三十三年（一四二六）、造営上棟《じょうとう》祝の疋馬《ひきうま》の三番に清水修理《しゅり》助と清水勘解由《かげゆ》左衛門の馬がみられる。

　また、祭礼の桟敷《さじき》配置において、清水氏は国衙《こくが》在庁官人を出自とすると推定される列の末席に位置しており、清水氏は室町期以降、石川氏の麾下にあったものの、その出自は国衙在庁官人で、石川氏の譜代家臣ではなかったと考えられる。延徳三年（一四九一）の細川勝久（備中国守護）と庄元資《しょうもとすけ》（備中国守護代）との対立の際に、石川源三《げんぞう》が守護方、清水右京《うきょう》助が反守護方として活動していることも、右記推論の微証となろう。

その後、石川氏は天文《てんぶん》二十二年（一五五三）頃から毛利氏への従属を強めていったが、その時期の同時代史料をみると、石川氏の居城として幸山が確認される一方で、高松城の存在は確認できず、幸山が清水氏の居城だったとする由緒の信憑性《しんぴょうせい》は高くない。

ところが、天正二年（一五七四）、備中松山を本拠とする三村元親《みむらもとちか》が毛利氏から離反すると、妻が元親姉妹であったため石川久式《ひさのり》も毛利氏から離反した。一方で、清水宗治《むねはる》は天正二年閏十一月一日付で小早川隆景《こばやかわたかかげ》（毛利元就《もとなり》三男）から毛利氏への荷担を謝し今後決して見放さないことを約した書状を受け取っており（「岡山県立博物館所蔵文書」）、石川氏から離れて毛利方に留まっている。結局、石川氏は毛利勢の攻撃によって天正三年（一五七五）に滅亡した。石川氏滅亡後、幸山城は毛利氏の拠点として機能しており、清水宗治の居城になったことは確認できない。

一方、宗治は天正七年（一五七九）、吉備津神社に対する高松郷の役負担（段銭《たんせん》の納付など）を統括しており（「吉備津神社文書」）、遅くともこの時期までには高松城主となっている。また、この地域の領主層に対する毛利氏からの命令は宗治を通じて伝えられており、周辺領主層を統括する役割も担うようになっている。

織田・毛利同盟の崩壊

永禄十一年（一五六八）に足利義昭を奉じて上洛した織田信長と毛利氏とは、三好《みよし》三人衆や阿波《あわ》三好氏と対立関係にあるという点で利害関係が一致し、同盟的関係にあった。だが、天下一統に乗り出した信長が毛利氏を牽制《けんせい》するために、天正元年（一五七三）末、浦上宗景《うらがみむねかげ》に対して備前《びぜん》・播磨《はりま》・美作《みまさか》の統治権を認める朱印状を発給したことによって、崩壊への道を歩み始めた。

宗景は元亀《げんき》三年（一五七二）、毛利氏と講和していたが、毛利氏は事実上宗景を屈服させたと認識していたため、この処遇に反発した。宗景は毛利氏に従属しているのであるから、宗景への朱印状発給は備前・播磨・美作を毛利氏領国と認めたものであると信長は弁解したが、その真意は宗景を抱き込むことにあった。毛利氏はその真意に気づいたと考えられるが、尼子《あまご》氏再興活動の鎮圧を優先する必要があったため、信長の弁解を受け入れた。

ところが、宗景への朱印状発給に強く反発した備前の宇喜多直家《うきたなおいえ》が天正二年（一五七四）に宗景との戦闘に突入すると、毛利氏は直家を支援した。一方、毛利氏の従属下にあった三村元親は、父家親《いえちか》が直家によって殺害されたという因縁から、毛利氏の対応に反発して、毛利氏から離反した。その背後には大友氏の調略があったが、宗景との連携を通じて信長からの支援も期待していたと考えられる。しかし、信長は東方面戦線を優先し、宗景に援軍を送ることはなかった。その結果、天正三年（一五七五）、三村元親一党は壊滅、宗景も居城天神山《てんじんやま》（岡山県和気町）を落とされ、国外へ逃走した。

この争乱においても直接的な軍事対立はなかったため、織田・毛利同盟は維持されていたが、天正四年（一五七六）二月、義昭が毛利氏領国内の備後国鞆《びんごとも》（広島県福山市）へ毛利氏に無断で下向し、最終的に毛利氏が義昭を受け入れたことによって、織田・毛利同盟は破綻した。織田・毛利間における最初の戦闘は、天正四年七月の第一次木津川《きづがわ》口の戦いだった。織田勢は抵抗を続ける大坂本願寺を包囲して兵糧不足に陥らせていたが、兵糧を運んできた毛利方水軍に敗れ、大坂本願寺の攻略に失敗した。

また、天正六年（一五七八）二月には、播磨国三木《みき》城（兵庫県三木市）の別所長治《べっしょながはる》が織田権力から離反した。これ以前に織田勢が攻略した播磨国上月《こうづき》城（兵庫県佐用町）には、尼子氏再興に失敗して織田権力に庇護されていた尼子勝久《かつひさ》・山中幸盛（鹿介）らが入っていたが、毛利勢の攻撃に対する織田勢の救援は別所の離反によって不十分なものとなり、天正六年七月、上月城は開城に追い込まれ、勝久は切腹、鹿介も護送途中に殺害された。

一進一退の戦況

さらに、天正六年十月、かつて播磨計略を担っていた荒木村重《むらしげ》がその役割を羽柴秀吉に奪われた不満などから、義昭の調略に応じて織田権力から離反した。そこで、義昭は毛利輝元《てるもと》（元就嫡孫）に対して出陣を要請し、輝元は一旦受諾したが、結局、その計画は中止された。一方、毛利氏の攻勢に対抗するため、天正六年六月頃から秀吉や小寺《こでら》（黒田）孝高《よしたか》によって宇喜多氏を毛利氏から離反させる工作が展開されていた（中野：二〇二二）。

宇喜多直家は播磨国における権益拡大を狙っており、輝元の京都への進撃によってその野望を実現しようとしていたが、輝元出陣の中止は毛利氏に対する期待感の低下につながった。逆に、織田権力に服属した場合には、毛利氏支配地域の給与といった好条件を提示されていたと推定され、その方に実現可能性を感じるようになった直家は、天正七年（一五七九）六月頃、織田権力への服属を明確にした。

同年十一月頃には伯耆南条《ほうきなんじょう》氏も織田権力の調略に応じて毛利氏から離反したため、毛利勢の遠征は困難となり、天正八年（一五八〇）一月の三木城の攻略、同年五月の但馬山《たじまやま》名《な》氏家中の親毛利派国人の降伏、同年七月の荒木村重の国外逃亡、同年八月の本願寺教如の大坂退去というように、織田権力は義昭・毛利氏と結ぶ上方《かみがた》周辺の勢力を壊滅させた。

一方で、織田権力が上方周辺における反織田勢力の撃破を優先した結果、山陽方面における戦闘は主として宇喜多勢に委ねられたため、一進一退の状況になった。劣勢として、天正七年十二月の四畝《よつうね》城（岡山県真庭《まにわ》市）、天正九年（一五八一）六月の岩屋《いわや》城（津山市）、篠向《ささぶき》城・宮山《みややま》城（いずれも真庭市）、同年十月の忍山《しのぶやま》城（岡山市北区）の陥落、天正九年八月の伊賀氏の離反があげられる。一方で、天正八年三月の辛川《からかわ》（岡山市北区）・四月の賀茂《かも》（岡山県吉備中央町）における戦闘においては宇喜多勢が勝利している。また、山陰方面における合戦では、天正九年十月に秀吉が因幡《いなば》鳥取城を攻略し、因幡国を制圧した。

秀吉、毛利方水軍を調略する

因幡国は織田方に制圧されたが、山陽方面においては苦戦が続いていた。この状況を打開するための方策として、毛利方水軍の調略が進められた。劣勢にあった瀬戸内海制海権を覆そうとしたのである。

まず、天正十年（一五八二）二月頃、備前国児島《こじま》の東端小串《こぐし》（岡山市南区）を本拠とする児島水軍高畠《たかばたけ》氏を毛利氏から離反させた。毛利勢が高畠氏討伐のために児島へ出兵すると、宇喜多勢がこれを迎え撃ち、八浜《はちはま》（岡山県玉野《たまの》市）において戦闘が展開されたが、宇喜多与太郎が討ち取られるなど、宇喜多勢は敗北した（森：二〇〇三）。ところが、その後、毛利勢は常山城（岡山市南区、岡山県玉野市）に在番を残して児島から撤退した。秀吉が四月四日に岡山へ到着したからである。

秀吉は二月六日付で黒田孝高に対して自らが出陣する計画を告げており（「黒田家文書」）、高畠氏調略の成功が秀吉出陣の一要因だったことをうかがわせる。しかし、毛利方水軍に占める比重が大きいとはいえない高畠氏を抱き込んだのみでは、水軍力で優位に立ったとはいえない。にもかかわらず、秀吉が出陣を決意したのはなぜか。長年にわたり毛利方水軍として活動し毛利氏とも縁戚関係にあった来島村上氏（元就四男元清《もときよ》の妻は来島通康《くるしまみちやす》娘）に対する調略は天正九年末時点でかなり進行しており、高畠氏調略が成功した頃には来島村上氏も織田方荷担を決断していたと考えられる。

秀吉の調略は来島村上氏だけでなく、他の毛利方水軍にも及んでいた。能島《のしま》村上氏や小早川水軍の中心である乃美《のみ》宗勝《むねかつ》・盛勝《もりかつ》父子である。この調略はいずれも失敗に終わったが、織田権力への荷担に積極姿勢を示した乃美盛勝を父宗勝が廃嫡するなど、毛利方水軍に混乱を生じさせる効果があった。また、秀吉による調略を同時代史料で確認することはできないが、塩飽《しわく》水軍も織田方に転じている。

能島・因島《いんのしま》村上水軍や毛利氏と同盟関係にある伊予河野《こうの》水軍は引き続き毛利方に留まったが、小早川水軍とともに、来島村上氏の動きを封じるために伊予国へ釘付けになった。その結果、織田方は備讃《びさん》海峡の制海権をほぼ掌握し、毛利方は前線への兵糧・玉薬の補給に支障の生じる状況に陥った。

境目七城における攻防

毛利方は備中・備前国境周辺に、後年「境目七城《さかいめ》」と称された宮路山《みやじ》・冠《かんむり》山・高松・加茂《かも》（岡山市北区）、日幡《ひばた》・松嶋《まつしま》（岡山県倉敷市）、庭妹《にわせ》（岡山市北区）という七つの城郭で防衛ラインを構築して、織田方の進攻を食い止めようとした。これに対して、秀吉勢は四月十三日、足守《あしもり》川を越えて毛利氏領へ進攻した。その最前線には岩山《いわやま》城があり、毛利氏に従属する国人湯浅将宗《まさむね》が在番していたが、秀吉勢は岩山城を通過して北上し、四月十六日より以前に宮路山城・冠山城に攻めかかった。

岩山城は「境目七城」に含まれておらず、現在地も確定できないが、秀吉勢が通過した理由について考えてみたい。湯浅氏は備後国伊尾《いお》（広島県世羅《せら》町）を本拠としていたが、この当時の備後国中央地域においては毛利元就の娘を妻に迎えていた上原元将《うえはらもとまさ》（本拠は甲《こう》山《ざん》〈世羅町〉）が盟主的地位にあり、湯浅氏も上原氏の影響下にあった。

ところが、日幡城に在番していた元将は秀吉の調略に応じて織田方へ転じた。元将の毛利氏からの離反時期は四月二十四日以前であるが、秀吉勢が岩山城を通過したことから推測すると、その頃には元将は離反を決意しており、元将を通じて湯浅氏に対する調略も実施されていたと考えられる。結局、湯浅氏は毛利方に留まったが、当初は調略成功の可能性があると考えて秀吉は湯浅氏との戦闘を避けたと推定される。

このような経緯は、国人領主連合的性格を払拭しきれていないという毛利氏支配の弱さにつけ込んだ秀吉の調略であったこと、地域の盟主的地位にあった上原氏のような毛利氏との対等意識の高い国人ほど調略に応じる確率が大きかったことをうかがわせる。

秀吉勢の攻撃に対して宮路山城・冠山城はしばらくの間抵抗したが、毛利勢による救援がなかったため、秀吉は冠山城を四月二十五日、宮路山城を五月二日に攻略した。冠山城には備中・備前の国人領主層と考えられる林三郎左衛門尉・松田孫次郎が在番していたが、秀吉勢は両名を討ち取り、その首を安土へ送った（「溝江《みぞえ》文書」）。宮路山城には小早川氏庶家乃美隆興《たかおき》の子景興《かげおき》が在番していたが、景興については林・松田とは異なり、討ち取った

境目七城
広島城『輝元の分岐点』をもとに作成

という史料は確認できない。おそらく最後まで抵抗せずに開城したと推定される。

宮路山城奪取の勢いで秀吉勢は加茂城へ攻めかかった。加茂城の在番は毛利氏庶家桂広繁《かつらひろしげ》や備後国人（世羅郡上山《かみのやま》を本拠とする）上山元忠《もとただ》のほか、在地の領主生石《おいし》氏が在番していたが、五月二日、生石氏が裏切って宇喜多勢を城中へ引き入れたため、端城を陥落させることには成功したが、桂・上山らの抵抗によって本丸を落とすことはできなかった（「長府《ちょうふ》桂家文書」）。

「境目七城」以外では、亀石城《かめいし》（岡山市北区）も降伏させた（「亀井文書」）。この城には、福武《ふくたけ》氏や長《ちょう》氏（太井《おおい》庄衆）など在地の土豪《どごう》が子女を連れて入城していたと考えられる。生石氏や福武氏・長氏など在地の土豪層にとって重要なことは地域の安全であり、秀吉は織田権力への服属が地域の安全保障になることを示して調略に成功したのであろう。

なお、松嶋城や庭妹城といった小早川氏家臣が主として守備する城に対して、秀吉勢は攻撃をかけなかった。地理的には、沿岸部に近い庭妹城から松嶋城へと進撃するルートも可能であるが、秀吉の選択は異なっていた。攻撃を仕掛けた各城に対して調略を織り交ぜている点から推測すると、秀吉は調略成功の蓋然性が高いルートを選択したのではなかろうか。

信長の出陣計画

秀吉は四月二十四日付書状（「米蟲剛石氏所蔵文書」）において、信長が近日中に武田氏討伐から帰還して、すぐに中国地域へ出陣すると記している。信長自身も四月二十四日付朱印状（「細川家文書」）において明智光秀の軍事指揮下にあった一色義有《いっしきよしあり》・長岡（細川）藤孝《ふじたか》に対して、①このたびの合戦（八浜合戦）で小早川隆景が敗北して備前国児島から撤退し、備中国高山（幸山）に立て籠もったので、羽柴藤吉郎が出陣して包囲したと報告があった、②その後の報告が届き次第、（明智勢も）出兵すること、という指示を行っており、秀吉勢に加えて明智勢も対毛利氏戦線へ投入されることとなった。

一方、この指示の前半部では、中国への出陣については秋頃を考えていたとある。光秀もこの年一月十三日付書状（「吉田文書」）において、来る秋のはじめに西国（毛利氏領国）へ出陣するとの信長の発言を伝えている。信長自身の出陣計画は天正九年の鳥取城攻めの際もあったが、毛利勢主力が前線に集結しなかったためにとりやめられたと考えられる。したがって、今回の信長自身の出陣計画は、①秀吉による調略の成功により東瀬戸内海の制海権をほぼ掌握したこと、②毛利方の国人層に対する織田方への寝返り工作がさらに進んでいたことに加え、毛利勢が前線に集結してきたことを踏まえての対応と考えられる。

また、信長が秋に出陣するとしていたのは、対毛利氏戦略として、軍事制圧路線に限定しておらず、毛利氏に圧力をかけたうえで猶予期間を設けて降伏に追い込むという路線もあったことをうかがわせる。しかし、毛利氏が織田権力への服属を拒否して、主力勢を前線に集結させたために、信長も出陣を早めたものと推定される。

水攻めは画期的な戦略だったのか

高松城攻撃は、水攻めを実現するための堤防を築造するという秀吉の画期的な戦略によって勝利したと考えられてきた。しかし、この理解は主に軍記類における記述に基づいたものに過ぎない。たとえば、『太閤記』においては、四月十三日に堤防工事が開始され、同月二十四～二十五日にほぼ完成し、五月一日から河水を引き入れたとされる。堤防の長さは三里（一里は約四キロ）、幅は上部六間（一間は約一・八メートル）、下部一二間とする。

一方、高松城内に籠もっていたとされる中島元行《なかしまもとゆき》の記した『中国兵乱記《へいらんき》』においては、五月七日に工事が開始され、同月十三日に完成したとされる。堤防の長さは蛙ヶ鼻《かわずがはな》口から門前《もんぜん》村までの三十町（一町は約一一〇メートル）余、幅は下部九間、高さは四間とする。その他、江戸期に成立した軍記類・編纂物における工事期間や堤防の長さなどに関する記述はさまざまで、長さの最短は『備中集成志』の一八町であるが、蛙ヶ鼻から門前村の距離として説得力に欠けるとされる（別府：二〇一二）。

このような軍記類・編纂物の記述に則《のっと》った通説に対する再検討として、近年、考古学・地理学的手法を用いた研究が進展した。

水攻めのための堤防について、築堤の基底部の標高はおおむね三・五メートル前後であるため、高松城方面からの水の唯一の抜け口となっている蛙ヶ鼻付近における築堤高は最低でも高さ一・五メートル程度は必要であるが、最高でも五メートルを超えないと推定された（岡山市教育員会編：二〇〇八）。一方で、大雨さえ降れば築堤しなくても水攻めの状況を創出することが可能で、約三〇〇メートルの築堤によって十分水攻めの効果があったとする見解が提示されている（額田：二〇〇四）。もっとも、この見解でも標高が最も低い蛙ヶ鼻の築堤高は三間以上とされる。

次に、築堤のための動員力などについても見直しが進んでいる。副堤《ふくてい》（足守川西岸の足守駅の南に築かれた）ほどの規模で微高地を利用しつつ現在の高松駅付近から足守川までが結ばれるならば、築堤に要される土量はかつて推定されたほど多くはないとされた。もっとも、蛙ヶ鼻から高松駅付近までの低位部の約三〇〇メートルについては頑強な堤防が構築されており、この築堤と足守川までの微高地をつなぐ小規模な築堤を一二日間で完成させたとすると、驚異的な動員力であったとの評価もある（岡山市教育員会編：二〇〇八）。

一方で、①旧高梁川東分流の作った自然堤防が水攻め堤の代わりとして機能するため、その部分は水攻め堤を築く必要はなかったこと、②蛙ヶ鼻周辺の水攻め堤の規模に関しては、高さ一・五メートルでは高松城内の水深が船を用いるのに十分な深さになる前に水攻め湖が溢れてしまうため、約三メートルと推定されること、③その築堤（掘り出し・運搬を含む）に必要な人足は七〇四二人で、秀吉自前の兵力の約三分の一に相当することから十分に動員可能な人数であるとする見解が提示されている（根元・泉・中山・松山：二〇一三）。

このように、考古学・地理学的手法を用いた研究においても、秀吉の戦略が画期的か否かの結論は出ていないが、少なくともかつての通説のような大規模な築堤は必要なかったという点についてはほぼ共通認識となっているといえよう。

古文書から見た水攻めの実像と終戦

近年の考古学・地理学の成果を踏まえ、高松城水攻めに関する古文書を再検討する。

秀吉は五月二十三日付で、味方が夜間に高松へ忍び出て空き船を回収したことにより、城内は打つ手を失ったと記しており（「総見寺所蔵文書」）、高松城周辺が船による航行可能な程度に水没していたこと、毛利方による船を用いた城内への兵糧補給を織田方が警戒していたことを示している。

一方、毛利元就次男吉川元春《きっかわもとはる》は六月二日付で、敵が下口に堤防を築いて河水を氾濫させたため、高松城は水攻めされていると記している（「吉川家中并寺社文書」）が、毛利方として参陣していた安芸《あき》国人熊谷信直《くまがいのぶなお》は五月二十二日付で、高松の水は以前より減っているように見えると記している（「厳島野坂文書」）。

以上の検討から、五月上旬の比較的短期間で大規模とはいえない程度の水攻め堤が築かれたが、五月下旬には水位が低下していたことがうかがえる。したがって、船を用いない兵糧補給が困難な程度まで高松城が水没するか否かは、降水量に左右されていたと考えられる。五月下旬に低下していた水位がさらに低下する可能性を考慮すると、六月初頭の時点において、水攻めのみを要因として毛利氏に打つ手がなくなっていたとはいえない。

ところが、六月二日に勃発した本能寺の変によって信長が横死したという情報を得た秀吉が毛利氏に対して城主清水宗治らの切腹を条件に停戦を提案すると、毛利氏はその提案を受け入れた。毛利氏が停戦に応じた要因が水攻めのみでないとすると、他にどのような要因があったのだろうか。高松城を孤立させ自らは頑強な陣城を築いて（畑：二〇〇八）、持久戦に持ち込む準備を整えている織田方に対し、毛利方には力攻めするだけの兵力はなく、持久戦に耐えるだけの物資輸送手段に窮していたことをあげることができよう。

六月四日、宗治は兄月清入道《げっせい》や小早川氏からの援軍末近信賀《すえちかのぶよし》とともに切腹して、高松城は開城、高松城水攻めは終戦した。

戦後の高松城

毛利氏との停戦協定を結んで上方へと攻め上った秀吉は、六月十三日の山崎合戦において明智光秀を破った。しかし、毛利氏との停戦協定は両者の全面講和ではなく、当面の軍事行動を行わない旨の約束に過ぎなかった。このため、秀吉方と毛利氏との間で引き続き国境画定交渉が行われた。この交渉は最終的に天正十三年（一五八五）初頭頃、備中国東部、美作国、伯耆国東部を毛利氏が秀吉方へ割譲することで決着した。

その過程において、毛利氏は備前常山城、備中松山城、美作高田城（岡山県真庭市）、伯耆八橋城《やばせ》（鳥取県琴浦町）など、割譲対象地域内において現に支配している城郭を引き続き毛利氏領とするように要求しているが、高松城については交渉の対象となっていない。したがって、天正十年六月の開城後に秀吉方に引き渡された高松城は、秀吉勢撤退後も主に宇喜多勢によって守られ、毛利勢が奪回を試みることはなかったと判明する。

豊臣期の高松城は宇喜多氏が領有したが、慶長五年（一六〇〇）の関ヶ原合戦で宇喜多秀家《ひでいえ》が失領すると、文禄三～四年（一五九四～九五）頃に秀家と対立して宇喜多氏家中から退去し、関ヶ原合戦においては家康に荷担して東軍として参戦していた花房職之《はなぶさもとゆき》の居所となった。職之は宇喜多氏旧領のうち備中国都宇《つう》郡・賀陽《かや》郡において八〇〇〇石余を与えられ、高松城本丸に陣屋を置いたが、慶長末年頃から元和《げんな》初年頃に陣屋を原古才《はらこさい》（岡山市北区）へ移し、高松城は廃城となった。

〔主要参考文献〕

岡山県古代吉備文化財センター編『岡山県中世城館跡総合調査報告書　第2冊　備中編』（岡山県教育委員会、二〇二〇年）
岡山市教育委員会・岡山市遺跡調査団編『備中高松城跡公園発掘調査概報』（一九七六年）
岡山市教育委員会文化課編『備中高松城三の丸跡発掘調査概報』（二〇〇〇年）
岡山市教育委員会編『備中高松城水攻め築堤跡――高松城水攻め築堤公園建設に伴う確認調査』（二〇〇八年）
中野等『黒田孝高』（吉川弘文館、二〇二二年）
額田雅裕「備中高松城水攻めの虚と実――水攻めとその地形環境」（日下雅義『地形環境と歴史景観――自然と人間の地理学』古今書院、二〇〇四年）
根元裕樹・泉岳樹・中山大地・松山洋「備中高松城水攻めに関する水文学的研究――洪水氾濫シミュレーションを用いて」（『地理学評論』八六巻四号、二〇一三年）
畑和良「織田・毛利備中戦役と城館群――岡山市下足守の城郭遺構をめぐって」（『愛城研報告』一二、二〇〇

八年）
別府信吾「備中高松城水攻め堤防伝説――文献・絵画資料からみた」（『岡山地方史研究』一二四、二〇一一年）
光成準治「備中高松城の戦い」（日本史史料研究会監修・渡邊大門編『信長軍の合戦史』吉川弘文館、二〇一六年）
森俊弘「年欠三月四日付け羽柴秀吉書状をめぐって――書状とその関係史料を再読して」（『岡山地方史研究』一〇〇、二〇〇三年）

第九章　小田原城の戦い——秀吉による天下統一の達成

梯　弘人

北条氏五代と小田原城

ここでは天正十八年（一五九〇）に起こった豊臣（羽柴）秀吉と北条氏政《うじまさ》、氏直《うじなお》による小田原城（神奈川県小田原市）をめぐる攻防戦を取り上げる。

小田原城は、神奈川県西部の箱根から足柄平野に延びる丘陵の先端に所在し、東を酒匂《さかわ》川、山王川、西を早川に挟まれ、南に相模《さがみ》湾を控えた地に築かれた、いわゆる平山城に分類される城である。もともと大森氏によって康正《こうしょう》年間（一四五五〜一四五七）頃に築かれたと考えられている。その後伊勢宗瑞《そうずい》（いわゆる北条早雲《そううん》）が手に入れて以降、北条氏の城となった。江戸時代に主要な部分に改変が加えられているため、北条時代の小田原城についいては不明な点が多いものの、古文書や古記録、丘陵部における発掘調査の成果から当時の様子を探っていこう。

小田原城を手に入れた北条氏は、二代氏綱《うじつな》（北条に改姓）の時代にそこを一族の本拠とした。永正《えいしょう》十五年（一五一八）に家督を継承した氏綱は、本格的に城や城下町の整備を進めていった。天文《てんぶん》三年（一五三四）から同五年の時点において、小田原に重臣各氏の屋敷が存在したことが判明している。

三代氏康《うじやす》の時代になると、小田原の町と城はさらに発展を遂げ、ここを訪れた南禅寺の僧によって「町には塵ひとつない小路が整備され」、「太守（氏康）の城には喬木《きょうぼく》が繁茂し、建物は高館巨麗《こうかんきょれい》で三方に大池があり、その深さは測りしれない」（「明叔録《みんしゅくろく》」）と称えられている。誇張された表現の可能性も否定できないが、当時の様子をうかがわせる記述である。

ところが、四代氏政の時代には長尾景虎《ながおかげとら》（のちの上杉謙信）や武田信玄の侵攻を受ける。景虎は永禄四年（一五六一）三月、関東各地の軍勢を従え小田原城に来襲した。その後同十二年十月に信玄も城下まで軍を進めてきた。その信玄による攻撃の際には城下が放火され、「蓮池」付近に所在した「氏政館」（「古裂会目録」所収文書）も焼かれてしまった。

現在、蓮池跡の近隣からは石で作られた壮麗な庭園遺構が確認されており、その位置関係からみてそれは氏政屋敷の庭園であった可能性が指摘されている。このような遺構の存在は、城の中にも戦争のためばかりではなく、北条氏の領国統治を支え、大名間外交の円滑化に必要な文化的要素を持つ施設が存在したことを物語っている。

こうして北条氏は、小田原城に籠もることによって長尾氏、武田氏による攻撃を退けることに成功したと同時に、城下町を焼き払われるという苦い経験もしている。こうした経験から、同城の大改修の必要性を痛感したのであろう。通常とは異なる規模での普請が行われたことが古文書から確認できる。

武田信玄との戦いを続ける永禄十二年（一五六九）八月、すでに小田原では臨時の普請が行われている（「武井文書」）。同年の信玄による小田原侵攻を受けた翌月には、さらに「豆相武三ヶ国之人足」が集められ、通常であれば普請人足を免除される寺社領などからも人足の動員が行われた（「江成文書」ほか）。

そして、五代氏直の時代には、城下町全体をも城の内部に取り込む形で「惣構《そうがまえ》」と呼ばれる総延長九キロの土塁（土を掻き揚げて構築した壁）や堀が築かれた。こうして小田原城は当時の日本における最大級の規模を誇る堅城となったのである。

日本最大級の惣構が構築されたのは秀吉との緊張が高まった時期と見られている。天正十六年（一五八八）正月、豊臣軍出陣の情報を受け北条氏は、普請人足を小田原に動員した（「瀬戸文書」ほか）。同年七月には、「三間梁百間之御蔵」（「山田文書」）建設のための材木切り出しが命じられており、城内での巨大な施設の整備も進められた。翌年十一月にも小田原で普請を行うための人足の動員が行われている（「瀬戸文書」）。このような段階を経て小田原城は巨大な城として完成をみた。

それでは、北条氏はなぜ小田原城をここまで大規模な城にしたのであろうか。その理由はこれまでの経験から城下町の防衛を図るとともに、長期の籠城戦を見据え膨大な兵員の滞留とこれを支える兵糧の備蓄空間を確保するとともに、地域住民の避難場所としての機能も備えるためであったとみられている。まさに天下人秀吉との戦いを想定したものと言えるだろう。

また、同城を語るうえで特筆すべきなのはその規模ばかりではなく、城の周囲に巡らされた「障子堀《しょうじぼり》」も重要な存在であった。障子堀とは、堀底に衝立《ついたて》障子のように見える仕切りが存在することから、その名がある。この堀は北条氏が手掛けた城のほか、関東地方の城においてみられるもので、堀へ侵入した敵を逃がさないための工夫がこらされていた。その具体像を「総構伝肇寺西第I地点」で発見された堀跡から見ていこう。

同地点で発見された障子堀の大きさは、堀上幅一六・五メートル、堀底幅六・五メートル、土塁構築面からの深さは一〇メートルで、堀の傾斜は五七～六三度であった。さらに堀底の仕切りとなる堀障子の高さは一・二～一・七メートルという状況である。攻城軍がこのような堀に一旦降りてしまうと、堀の深さや急な傾斜のため登ることは難しく、左右に移動しようとしても堀底の仕切りに阻まれてしまう。また、障子堀はある程度の水を貯めていたとみられることから、なおのこと堀底における移動の自由はなかったと考えられる。こうした特徴を持つ障子堀が小田原城の防御力をさらに高いものにしたことは間違いない。

このように小田原城は、城下町を取り込んだ全国有数の規模を誇る惣構と、防御の工夫が凝らされた障子堀を備えて豊臣軍の侵攻を待ち構えていた。ここを舞台に秀吉と北条氏の戦いが展開されることになるのであるが、少しさかのぼってこの戦いに至るまでの政治的な動きを確認しておこう。

天下人秀吉の誕生

天正十八年（一五九〇）に天下人として全国の有力大名を従え小田原城を攻撃した秀吉は、その八年前の備中《びっちゅう》高松城（岡山県岡山市北区）を包囲していた時点では、まだ織田家の一部将の立場でしかなかった。ところが同年に起こった本能寺の変の後、明智光秀を山崎の戦いで討ち破り、翌年の賤ヶ岳《しずがたけ》の戦いで柴田勝家に勝利したことにより、信長亡き後の織田家を主導する存在に躍り出た。

そして、これまで織田家に敵対していた毛利氏や上杉氏を支配下に置き、小牧・長久手の戦いにおいて織田信雄《のぶかつ》、徳川家康と対峙するものの、秀吉優勢の形で和議を結ぶことに成功する。同十三年、秀吉はついに関白にまで昇り詰めると、翌年、北条氏に対し上洛して臣従の礼をとることを求めた。すなわち、本格的に東国平定に着手したのである。

秀吉が天下人への歩みを進めていた頃、北条氏の当主は五代氏直であったが、「御隠居様」であった四代氏政が実権を握っていた。本能寺の変の後、北条氏と徳川家康の同盟が成立し、両家の間では氏直と督姫《とくひめ》（家康次女）の姻戚関係が結ばれる。この同盟により後顧の憂いがなくなった北条氏は、関東制覇を目指し北関東へ出兵を繰り返した。

天正十四年（一五八六）、家康が秀吉に臣従すると、さらに秀吉からの北条氏への圧力が強まっていく。それに対し、北条氏は領国内の村々に対し城の普請を命じ、各地の城の強化を図った。また、いざというときに各村から人を出して城を守備するよう定めるなど、臨戦態勢を整えている。

一方、家康を通じて和平への道も模索されていた。同十六年には北条一門で氏政の弟、氏規《うじのり》が上洛し、聚楽第《じゅらくてい》（京都市上京区）において秀吉との対面が実現した。この時点で北条氏は秀吉に臣従を決めたはずであった。

しかし、正式な従属意志の表明である氏政の上洛は果たされず、あまつさえ秀吉に臣従していた真田氏の持ち城、名胡桃城《なぐるみ》（群馬県みなかみ町）を北条氏の家臣が攻め取ってしまったのである。こうした北条氏の振る舞いに業をにやした秀吉は、同十七年十一月に北条氏へ宣戦布告状をたたきつけ、戦いは避けられないものとなった。

豊臣軍の陣立て

秀吉は北条氏討伐のため、全国の大名へ出陣の命令を下した。北条氏と領国を接する徳川家康や上杉景勝をはじめ、織田信雄、前田利家、毛利輝元《てるもと》、宇喜多秀家《うきたひでいえ》、長宗我部元親《ちょうそかべもとちか》などにも参陣命令が出ている。あわせて、豊臣秀次《ひでつぐ》などの豊臣一門や秀吉子飼いの家臣も従軍している。天下人たる秀吉の総力をあげた陣立てと言ってよいだろう。

豊臣軍は、秀次、家康、信雄など東海道を進む本軍と利家、景勝などの北陸道を進む部隊、毛利氏、長宗我部氏などの水軍の三つの部隊で構成されていた。これらの諸軍の留守居として東海道の諸城には毛利氏など中国・九州方面の軍勢が配置されている。

東海道本隊の徳川軍は天正十八年（一五九〇）二月上旬から出陣を開始し、家康自身は同月十日に出陣し、二十四日、駿河国境に着陣した。この家康の動きは三月一日の秀吉本人の出陣に先立つものである。徳川領国が北条領国と境を接する最前線に位置し、家康が豊臣軍の先鋒としての役目を負っていたためであろうと思われる。

その後、続々と軍勢の着陣があり、三月十日までには信雄、秀次などの軍勢が駿河国境である黄瀬川《きせがわ》周辺に到着したとみられる（「小田原陣之時黄瀬川陣取図」）。北陸道では利家、景勝などが碓氷《うすい》峠（長野・群馬県境）付近に集結し、水軍は駿河国清水（静岡市清水区）に着岸した。

北条氏征伐のための軍勢が動き出す中、秀吉本人は三月一日に京都を出陣し、多くの人々に見送られながら東の戦場へと旅立った。秀吉は前線に到着した二日後の同月二十九日、箱根山に築かれた北条方の山中城《やまなかじょう》（静岡県三島市）を陥落させ、北条氏の防衛線の突破に成功する。そのまま大きな抵抗を受けることなく小田原まで進み、四月五日、箱根湯本の早雲寺（神奈川県箱根町）に本陣を構えた。早雲寺は臨済宗大徳寺派に属する寺院で、北条氏の菩提寺であった。秀吉のこの行動は北条氏に対する精神的な圧迫を狙ったものであったと指摘されている。

北条氏の防衛構想

豊臣軍の襲来に備え、北条氏は総力を小田原城に集中させ、家臣のほか従属する国衆、あわせて二、三万人程度の軍勢を入城させたとみられる。さらに町人や農民を含めると六万人程度が籠城していたようだ。

北条氏は小田原城のほかにいくつかの主要な城を防衛拠点に選び、それぞれ一門や重臣を配置し守りを固めていた。その一方で、関東各地に散らばる城にはわずかな留守部隊が置かれるだけであった。例えば、一門の居城であった八王子城（東京都八王子市）や岩付《いわつき》城（埼玉県さいたま市岩槻《いわつき》区）においても兵の多くは小田原に入城を命じられ、少数の軍勢が守備についた。彼らは、領内から集めた兵糧を管理する役目を与えられたとみられるが、

酒匂川
織田信雄
山王川
蒲生氏郷
井細田口
徳川家康
久野口
北条氏光
北条氏房
渋取口
山王口
山角康定等
小田原城
北条氏直
長宗我部元親等
条氏照
九鬼嘉隆等
毛利輝元等
北条軍
豊臣軍
豊臣水軍

小田原合戦攻防図
小田原市ウェブサイト「小田原合戦」をもとに作成

大軍に攻められた時に十分抵抗できるだけの兵力ではなかったようである。北条氏は豊臣軍との対決の主戦場を小田原に定めていたと言えるだろう。ここで豊臣軍を拘束し長期戦に持ちこみ、敵が長陣に疲れたところを撃破するという戦略だったようだ。

関東各地から小田原城に集められた軍勢は、それぞれどこを守っていたのだろうか。小田原城には南西方面から時計まわりに早川口、箱根口、水之尾《みずのお》口、荻窪《おぎくぼ》口、久野《くの》口、井細田《いさいだ》口、渋取《しぶとり》口、山王《さんのう》口の各城門が存在した。早川口は熱海《あたみ》方面に向かう街道（熱海道）、箱根口と山王口は城内を東西に走る東海道、井細田口は南足柄に抜ける街道（甲州道）につながっていた。各城門は城内から各所へ向かう街道に対応して設けられたことから、北条氏は籠城に際してこれら城門の守りを固めなくてはならなかった。それに加えて、総延長九キロに及ぶ惣構と、城の主要な部分にも守備隊を配置する必要があった。

守備隊の配置については、小田原に籠城し後に戯作作家となった三浦浄心の著作『北条五代記』によると、山王口に重臣山角《やまかく》氏、井細田口周辺に北条氏房《うじふさ》（岩付城主）、箱根口周辺に重臣松田氏が配置されたとされる。また、敵方であった毛利氏に残された絵図（「小田原陣図」など）によれば、早川口に北条氏照《うじてる》（八王子城主）、久野口に北条氏光《うじみつ》（小机《こづくえ》城〈神奈川県横浜市港北区〉主）が配置されたと記されている。当主である氏直は、城の中枢部「本城」に控えていたとみられる一方、「御隠居様」として実権を握っていた氏政は「新城」を構え、水之尾口の守備を担当したと伝えている。このように小田原城は北条一門が主要な城門の守備につき、それに加えて傘下の国衆が守りを固めていた。

豊臣軍、陣所を構える

箱根山を越えた豊臣軍は、大軍が籠もる小田原城と対峙することとなった。秀吉はいたずらに城に攻めかかることはせず、攻城陣地である陣所の構築を命じた。北条氏が想定したとおりに小田原へ大軍を貼り付け、長期にわたる攻城戦を展開することとなったのである。

豊臣軍の主だった武将、豊臣秀次（天子《てんし》台）、同秀勝《ひでかつ》（上台《うわだい》陣場）、織田信雄（多古《たご》白山《はくさん》台地）、宇喜多秀家（水之尾台地）、織田信包《のぶかね》（風祭《かざまつり》丸塚山）、徳川家康（今井陣場）とその家臣たち、蒲生氏郷《がもううじさと》（朝《あさ》ヶ坂《さか》台地）、細川忠興《ただおき》（富士山《ふじやま》陣場）の陣所が知られている。この中でも記録や遺構が残る家康と忠興の陣所、それに加えて荻窪仕寄《しより》遺構《いこう》についてみていこう。

徳川家康の陣所は今井（小田原市寿町）に置かれた。小田原城の東側を守る城門、山王口と向かい合う場所で、江戸や鎌倉方面へ向かう街道を押さえる要衝であった。ここは相模湾に接し、城のへりを流れる山王川と酒匂川に挟まれた地域であり、氾濫原を含む低湿地帯が複雑に入り組んでいた。そのため、家康や家臣の陣所は低湿地帯の中に点在する微高地を選んで構築されている。

家康本陣の普請は四月十日から晴雨にかかわらず続けられ、五月四日には完成したとみられる。一二〇メートル四方を土塁で囲み、東、北、西の三方向に付属の陣地を配置した形であったようだ。家康配下の諸将の陣所もその周辺に構築されたと伝えられている。

現在、これらの陣所があった場所は都市化が進み、家康を祀る東照宮があるほかは当時をしのばせるものは残されていない。

細川忠興の陣所は富士山陣場（小田原市板橋）と呼ばれ、標高一一〇メートルの独立した円錐形の丘陵を利用したものである。もとは富士山信仰の対象とされた丘で、北条氏の砦が設けられていた。そこを忠興が奪い取り小田原城攻撃のための陣所とした。この陣所は小田原城の水之尾口から六〇〇メートル、箱根口まで一キロメートルの距離にあり、後に述べる「石垣山一夜城」（小田原市早川）とは早川を挟んで向かい合う地点であることから、包囲陣の要に位置した拠点であったと言える。

現状、丘陵の頂部に残される土塁と空堀の跡は、小田原城の方向に備えを厚くしていることから、忠興が陣所として使用した段階のものであろうとみられている。

荻窪仕寄遺構（小田原市荻窪立野）とは、豊臣軍のいずれかの部隊（秀次隊か）によって構築された攻城陣地跡と考えられている。小田原城の西の端から三〇〇メートル離れた小丘陵を中心に小田原城に対する斜面に空堀が巡り、城と反対方向に通路が延びている状態の陣地跡が発掘調査により発見された。

こうした陣地は「仕寄《しより》」と呼ばれ、攻城軍が安全を確保しながら城に接近するために構築されるものである。丘陵斜面に設けられた堀の底も踏み固められており、そこが通路として使われたものと考えられている。あわせて城からの距離が三〇〇メートルでちょうど鉄砲の射程と同じ程度であることから、この陣地は小田原城に向けて鉄砲を撃ちかける拠点であったと同時に、さらなる前進を図るための基地でもあったとみられている。

このように豊臣軍は小田原城の周囲に大小多くの陣所を構え、厳重な包囲陣を構築した。陣所の構築が始まった当初は、包囲網をかいくぐった北条方の往来もみられたが、次第にそれもなくなり、小田原城は完全に孤立していった。その包囲陣のなかで最大の陣所は、秀吉が築いたいわゆる「石垣山一夜城」である。

早雲寺を本陣に定めた秀吉は、諸将に陣所の構築を命じるとともに、小田原城を見下ろす笠懸山《かさがけ》に新たに本営となる城、いわゆる「石垣山一夜城」の築城を命じた。関東で初めて総石垣で築かれ、本丸御殿や天守も備えられた本格的な城であった。その普請の様子を秀吉自身、聚楽第や大坂城での普請と比べそれに劣らないと述べている（「浅野家文書」）。現在においても当時の石垣が残り、小田原城とその城下を眼下にとらえることができる。

このような本格的な城が築かれた理由として、北条氏を攻撃するためというのはもちろんのこと、豊臣政権の権威を敵味方に示すためであると指摘されている。すなわち、本格的な城を短期間で築くことによって北条氏の士気をくじくとともに、織田信雄や徳川家康など政権に従属する有力大名に対しても秀吉の威光を知らしめる目的があったとみられている。

小田原城開城とその後

小田原における戦況は北条氏の目論見どおり長期持久戦となった。城を厳重に包囲した豊臣軍は、先にみた荻窪仕寄遺構の存在から、城に接近して攻撃を加えていたと考えられる。しかし、秀吉自身が兵糧攻めを命じていたため、大規模な戦闘は起こらなかったようである。

史料上確認できる戦闘としては、細川忠興による富士山陣場の奪取や、井伊直政《いいなおまさ》による福門寺曲輪《くるわ》の攻略などがみられる程度だ。福門寺曲輪とは、山王口の前面にせり出して作られた防御陣地であり、城内とは橋でつながっていた。直政は堀を埋めて曲輪を攻略し、さらに橋の先へと迫ったが、守備隊の抵抗もありそれ以上に戦果を広げることはできなかった。

一方、豊臣軍においても軍勢の士気が下がっていた様子がうかがわれる。徳川家康の家臣、松平家忠《まつだいらいえただ》が記した『家忠日記』の六月二十七日、七月一日、同月三日条には、家忠の中間《ちゅうげん》が次々と逃亡したという記事がみられる。中間とは名字を持たない下級の武家奉公人で、日常的には荷物持ちなどの仕事を行うが、戦闘にも参加する存在である。彼らの逃亡した理由は定かではないものの、長期の在陣に耐えかねたためと思われる。

この膠着《こうちゃく》した局面を打開したのは、城内に対する切り崩し工作と豊臣軍の別働隊の動きであった。

豊臣軍は包囲開始当初から、城内に対し投降や裏切りの呼びかけを行っていた。対する北条氏は惣構に配置した守備隊に対し敵方との間での「詞戦《ことば》い」(「小幡文書」)を禁止し、北条氏直直属の旗本が昼夜城内を巡回することで、不測の事態を警戒していた。しかし、早くも四月には、下野国《しもつけ》皆川城《みながわ》（栃木市）主の皆川広照《ひろてる》が投降している。この動きに拍車をかけたのは、豊臣軍別働隊による北条方諸城の攻略である。

五月二十二日、浅野長吉《ながよし》（長政）率いる軍勢が北条方の岩付城を落城させた。同月二十七日に豊臣軍は北条氏に対し、そこで討ち取った守備兵の首や捕虜たちの引き渡しを提案するとともに、関東各地の北条軍の命運も風前の灯であるとの戦況を伝えた。

北条氏は小田原に兵力を集中させる戦略をとっていたが、それが完全に裏目に出た結果となった。それまで厳重な包囲の中、正確な情報が遮断されていた城内では、大きな動揺が広がった。北条氏に従属する国衆にとどまらず、重臣の松田憲秀《のりひで》、新六郎の父子までもが豊臣軍への手引きを画策するに至る。彼らの行動は未遂で終わり、松田新六郎が処断されたが、城内での衝撃は大きく北条軍の抗戦意欲はしぼんでゆく一方となった。

豊臣軍が城内の切り崩しを進める中、岩付城攻略を機に講和交渉の動きも確認されるようになる。六月には織田信雄の家臣が城内に入り、氏直との講和交渉を行っている。その後、黒田孝高《よしたか》、滝川雄利《かつとし》が北条氏房を窓口として交渉を行った結果、七月五日、氏直は氏房とともに滝川の陣所へ投降した。結局のところ、小田原城の攻防戦も秀吉による他の城攻めにみられるように、大規模な戦闘を経ることなく、当主が城兵の助命を条件に降参することで終わりを迎えた。

氏直投降の翌日、豊臣軍が小田原へ入城した。しかし、「新城」にいた氏政が城を出たのは十日になってからであった。氏政は講和について関知しておらず、降伏には反対していたのではないかと見られている。

北条氏を降《くだ》した秀吉は、この戦いの責任者として氏政と氏照の兄弟、および重臣二名の切腹を命じ、当主氏直を高野山へ配流とした。ここに小田原を中心に栄華を極めた戦国大名北条氏は滅亡したのである。本拠地小田原を主戦場としたことにより、その戦いの趨勢《すうせい》が北条氏の運命に直結することとなったと言えるだろう。

小田原城を手中に収めた秀吉は、その勢いをもって関東・奥羽をも支配下に組み込み、天下統一を果たす。北条氏の旧領は徳川家康の領国とされ、小田原城は家康の家臣、大久保忠世《ただよ》に与えられることとなった。その後も小田原城は、徳川将軍のお膝元たる江戸の西方を守る枢要な城であったことから、稲葉氏や大久保氏といった幕閣の居城として存続してゆくこととなる。

〔主要参考文献〕

小田原市編『小田原市史』別編城郭（一九九五年）
小田原城天守閣編『小田原城天守閣特別展　小田原北条氏の絆――小田原城とその支城』（二〇一七年）
黒田基樹『敗者の日本史一〇　小田原合戦と北条氏』（吉川弘文館、二〇一三年）
西股総生・松岡進・田嶌貴久美『神奈川中世城郭図鑑』（戎光祥出版、二〇一五年）
山口博『人をあるく　北条氏五代と小田原城』（吉川弘文館、二〇一八年）

第十章　忍城の戦い――秀吉が三成に命じた水攻めの真相

秦野裕介

『のぼうの城』の舞台

忍城《おしじょう》攻城戦は豊臣秀吉による小田原城攻めの過程で生じた合戦であり、小田原城落城後に天下統一を目指す豊臣秀吉軍の猛攻を耐え抜き、和睦開城したことで知られる合戦である。和田竜氏作の小説『のぼうの城』及び同氏脚本・野村萬斎氏主演の映画で広く知られることとなった。

その忍城といえば、備中《びっちゅう》高松城（岡山市）・紀州太田城（和歌山市）と並ぶ「日本三大水攻め」で知られている。忍城の地理的環境については今川氏親《うじちか》の側近であった連歌師の柴《さい》屋軒宗長《おくけんそうちょう》がその紀行文『東路のつと』において次のように述べている。

「水郷である。館の周り四方は沼水が幾重ともなく蘆《あし》の霜枯れがあり、二十余町四方は水鳥が多く見え渡っているようすである」
忍城の位置した埼玉県行田市《ぎょうだ》は荒川と利根川に挟まれた扇状地であり、高低差がほとんどなく、沼地が点在している。武蔵国《むさし》の北端で利根川を挟んだ向こう側は上野国《こうずけ》（群馬県）となっている。古墳時代には埼玉古墳群が形成されるなど、古くから政治的に重要な拠点であった。

その埼玉地区に忍城が建設されたのは文明十年（一四七八）前後と見られている。荒川と利根川による扇状地に点在する広大な沼地と自然堤防を生かし、沼地に浮かぶ島々を曲輪《くるわ》として築かれた難攻不落の城であった。

秀吉による小田原合戦の一環で忍城を石田三成が攻撃した際に水攻めを採用したのはこのような忍城の地形の特徴があったからであり、その水攻めを耐え抜いたことで「浮き城」と呼ばれるようになった。

北条氏滅亡後、徳川家康が関東に入封してきたのちは深溝松平家忠《ふこうずまつだいらいえただ》が一万石で入り、忍城下の復興に取り組み、その後家康四男の松平忠吉《ただよし》、のちに老中となり知恵伊豆と呼ばれた松平信綱《のぶつな》、同じく老中を務める阿部忠秋《あべただあき》が入るなど、徳川幕府にとって重要な地点となる。

忍城は忠秋の時代に大きく改修され、御三階櫓（天守）も元禄十四年（一七〇一）頃には完成した。

その後忍城には桑名藩から奥平松平忠堯《ただたか》が入り、廃藩置県によって忍県となり、県庁が置かれたが、埼玉県に統合され忍城は廃城となり、城の構造物もほとんど撤去された。現在の御三階櫓は昭和六十三年（一九八八）に開館した行田市郷土博物館の一部である。

忍城攻城戦の遺跡といえば、もう一つは石田三成が水攻めのために築いた「石田堤」が挙げられる。二八キロに及ぶ堤防を五日間で築き上げたと言われるもので、現在も行田市と埼玉県鴻巣《こうのす》市に一部残存しており、それぞれ埼玉県指定史跡と鴻巣市指定史跡となっている。

武蔵の有力国衆、成田氏

忍城攻城戦の時に城主だったのは、武蔵国の有力国衆であった成田《なりた》氏である。成田氏の系譜については藤原道長の子孫（『藩翰譜《はんかんふ》』）や藤原行成《ゆきなり》の弟の藤原基忠《もとただ》の子孫（『成田氏系図』）など諸説あり、また武蔵七党の横山党の子孫と見る見方もある。実際のところは不詳である、としか言いようがない。

成田氏は鎌倉時代には御家人としてその名が見られ、室町時代には安保《あぼ》氏から成田氏の名跡を継承していると見られるが、成田氏が歴史上その姿を明確に現すのは、関東公方《くぼう》の足利成氏《しげうじ》が関東管領の上杉憲忠《のりただ》を謀殺したことに端を発する享徳《きょうとく》の乱である。上杉方の五《い》十子《かっこ》陣から出陣した岩松家純《いわまついえずみ》の軍勢に「武州の成田」という人物が加わっている記録がある。

文明十一年（一四七九）閏《うるう》九月の足利成氏の書状に「忍城については油断なく勤めるように成田に相談しなさい」という文面が見られる。このころは関東管領を務めていた山内《やまのうち》上杉氏の家宰の白井《しろい》長尾家の後継者をめぐる長尾《ながお》景春《かげはる》の乱が勃発しており、この長尾景春の乱では景春はそれまで戦ってきた足利成氏に与《くみ》し、成氏もそれに応えて「成田」に動座している。この時の「成田」は忍城と見られている。

その後文明十四年（一四八二）には成氏と室町公方の足利義政との和睦である「都鄙《とひ》和睦」が成立したが、文明十八年（一四八六）には扇谷《おうぎがやつ》上杉氏の家宰の太田《おおた》道灌《どうかん》が主君の扇谷上杉定正《さだまさ》に謀殺されたことをきっかけとして翌長享《ちょうきょう》元年に扇谷と山内の両上杉の争い（長享の乱）が始まり、それに連動して古河《こが》公方でも足利政氏《まさうじ》と足利高基《たかもと》の争いが始まる。

この争いでは成田氏は政氏・山内上杉顕定《あきさだ》の配下として戦い、永正《えいしょう》七年（一五一〇）には上杉顕定が越後国で長尾為景《ためかげ》（上杉謙信の父）と戦い戦死したことを受け、高基・長尾景春・長尾為景派として相模に侵攻した伊勢宗瑞《そうずい》（北条早雲）に呼応して権現山《ごんげんやま》城（横浜市）に立て籠もっていた上田政盛を攻略した扇谷上杉朝良《ともよし》の軍の中に成田顕泰《あきやす》が見える。

伊勢宗瑞ともゆかりのある柴屋軒宗長が忍城を訪ねたのはこの成田顕泰が城主だった時である。

この成田顕泰は白井長尾家で長く山内上杉氏の家宰を務めた長尾景信《かげのぶ》の弟で、総社《そうじゃ》長尾家を継承し、さらに景信の子の景春を差し置いて山内上杉氏の家宰となった長尾忠景《ただかげ》の三男である。忠景の家宰継承が長尾景春の乱のきっかけとなったのである。

顕泰の子の成田親泰《ちかやす》は足利政氏・足利晴氏《はるうじ》と古河公方に仕え、足利高基や小弓《おゆみ》公方の足利義明、それと連携した伊勢・北条氏と対立したが、やがて相模《さがみ》から武蔵は伊勢氏改め北条氏の勢力下に入り、天文《てんぶん》十四年（一五四五）には北条氏綱《うじつな》の勢力が大きく伸長したことを受けて親泰の子の成田長泰は山内上杉氏を見限り、北条氏に従属している。

天文十五年には扇谷上杉氏が滅亡、天文二十一年（一五五二）には山内上杉憲政《のりまさ》が越後に没落し、そのころ長泰の嫡男の氏長《うじなが》は北条氏の通字である「氏」の一字を拝領している。「氏」を拝領したことは、成田氏が非常な高待遇で北条氏の配下に組み入れられたことを意味する。

謙信につくか、北条につくか

永禄三年（一五六〇）、越後に没落していた上杉憲政が、越後の長尾景虎《かげとら》（のちの上杉謙信、以下本稿では上杉謙信と呼称する）に擁されて侵攻してきた。この時に成田長泰は北条氏から離反し、上杉方に投じている。北条氏康《うじやす》が長泰のことを「年来の恩を忘れ」と罵倒していることからも、北条氏における成田氏の存在感の大きさを知ることができる。

しかし翌年には長泰は謙信から早くも離反し、謙信は成田氏の所領であった羽生領《はにゅう》（埼玉県羽生市）に侵入、羽生領と本庄領《ほんじょう》（埼玉県本庄市）は成田氏から離反した。

永禄六年には騎西《きさい》小田氏を継承していた長泰弟の小田朝興《ともおき》と成田氏長が謙信に従属し、そのころ長泰は隠居、氏長が家督を継承している。成田氏の進路をめぐっての争いがあった、という考え方もある。

永禄九年までは謙信方としての動きが見られた成田氏だが、同年八月には北条氏照《うじてる》のとりなしで再び北条氏に従属することとなった。

永禄十二年にはこれまで関東甲信越東海の重要な枠組みの一つであった甲相駿《こうそうすん》三国同盟

（武田氏・北条氏・今川氏の同盟）が崩壊、今川氏は武田氏と徳川氏の攻撃を受けて滅亡、北条氏は武田氏と絶縁のうえで武田氏の宿敵上杉との間に越相一和《いちわ》が結ばれ、北武蔵以北は謙信に割譲されることとなった。氏長はこのことに不満を持ったようで、成田氏の謙信配下組み入れを強行すると氏長が武田氏に内通する可能性が懸念されていた。

成田氏にとって上杉氏と北条氏との和睦による難しい時期は北条氏康の死去した元亀《げんき》二年（一五七一）に終了した。氏康の後を継いだ氏政《うじまさ》は武田氏との関係改善に踏み切り、上杉氏と北条氏は手切となった。その後は上杉氏の拠点となった羽生城と関宿《せきやど》城（千葉県野田市）をめぐる北条氏と上杉氏の攻防が繰り広げられることになる。

成田氏は羽生城攻撃の最前線に立ち、謙信も成田氏への対抗として忍城下に攻め込み放火している。謙信の努力も虚しく羽生城は天正二年（一五七四）に陥落し、羽生城を中心とした羽生領は成田氏の支配下となった。

北武蔵最大の国衆に

羽生領が成田氏の支配下に入ったことで成田氏の支配領域は最大となった。

成田氏の支配領域は忍領（行田市）、騎西領（加須《かぞ》市）、羽生領（羽生市）、本庄領（本庄

市）、菖蒲領《しょうぶ》（久喜市）にまたがり、北武蔵最大の国衆であった。

もともとは名字の地である成田郷（熊谷《くまがや》市・行田市）から支配領域を広げ、前述のように長享の乱の過程で忍城を築き、忍領全体を支配するようになったと考えられる。

騎西領はもともとは騎西小田氏の領国であったが、成田長泰の弟の朝興が小田顕家《あきいえ》の養子となって以降、成田氏の支配下に入っている。顕家が天文八年（一五三九）に死去していることからそれ以前には成田氏領の一部となっていた。朝興のあとは成田氏長の弟の成田泰親《やすちか》が継承し、忍領と一体化した支配が行われていた。

古くから成田氏の配下に入っていた忍・騎西領に対して本庄領・羽生領・菖蒲領は天正年間初頭に成田氏の支配下に入っている。

本庄領はもともと山内上杉氏家臣であった本庄氏が成田氏の支配下に入ったことで成田氏の領地となったが、帰属関係の詳細は不明であり、黒田基樹氏の整理では永禄四年（一五六一）の時点では本庄氏は成田氏の同心となっていたが、その後上杉謙信に属し、越相一和の崩壊前後に成田氏長が本庄領を獲得している。本庄領は忍領との間に深谷上杉氏の所領である深谷領（深谷市）が横たわり、忍領とは区別されていた。

羽生領は忍領と接する地域であるが、長く羽生城には上杉謙信の家臣である木戸氏が入っており、成田氏を圧迫する存在であった。先述の通り天正二年に羽生城が落城したのちに成田氏の支配下に入ったものである。

菖蒲領は騎西領に接する地域であり、菖蒲佐々木氏を称する金田氏の支配下であったが、これも天正年間前半にはその一部の栢間郷《かやま》（久喜市）が忍領に組み込まれている。

これらの所領のうち忍領と騎西領は古くから成田氏の支配下にあり、一体的に支配されているが、新たに成田氏領地に組み入れられた本庄領と羽生領については成田氏の直接的な領国支配は行われず、独自の領国支配が行われたと考えられている。もっとも黒田氏によれば騎西領においても氏長の朱印状の発給範囲が忍領に限られることから、騎西領に関しても騎西小田氏・成田泰親による独自の領国支配が行われたと見られる、という。

この段階で成田氏は武蔵ではもちろん関東でも最大級の国衆であった。

秀吉の小田原城攻めと忍城

天正十八年（一五九〇）、豊臣秀吉による小田原攻めが開始された。成田氏長も北条氏からの下知《げち》で相模に在陣、北条氏が小田原籠城を決定した時には氏長も小田原籠城に参加し、忍城は氏長の叔父の成田泰季《やすすえ》を城代として泰季の子の長親《ながちか》（彼が『のぼうの城』主人公であ

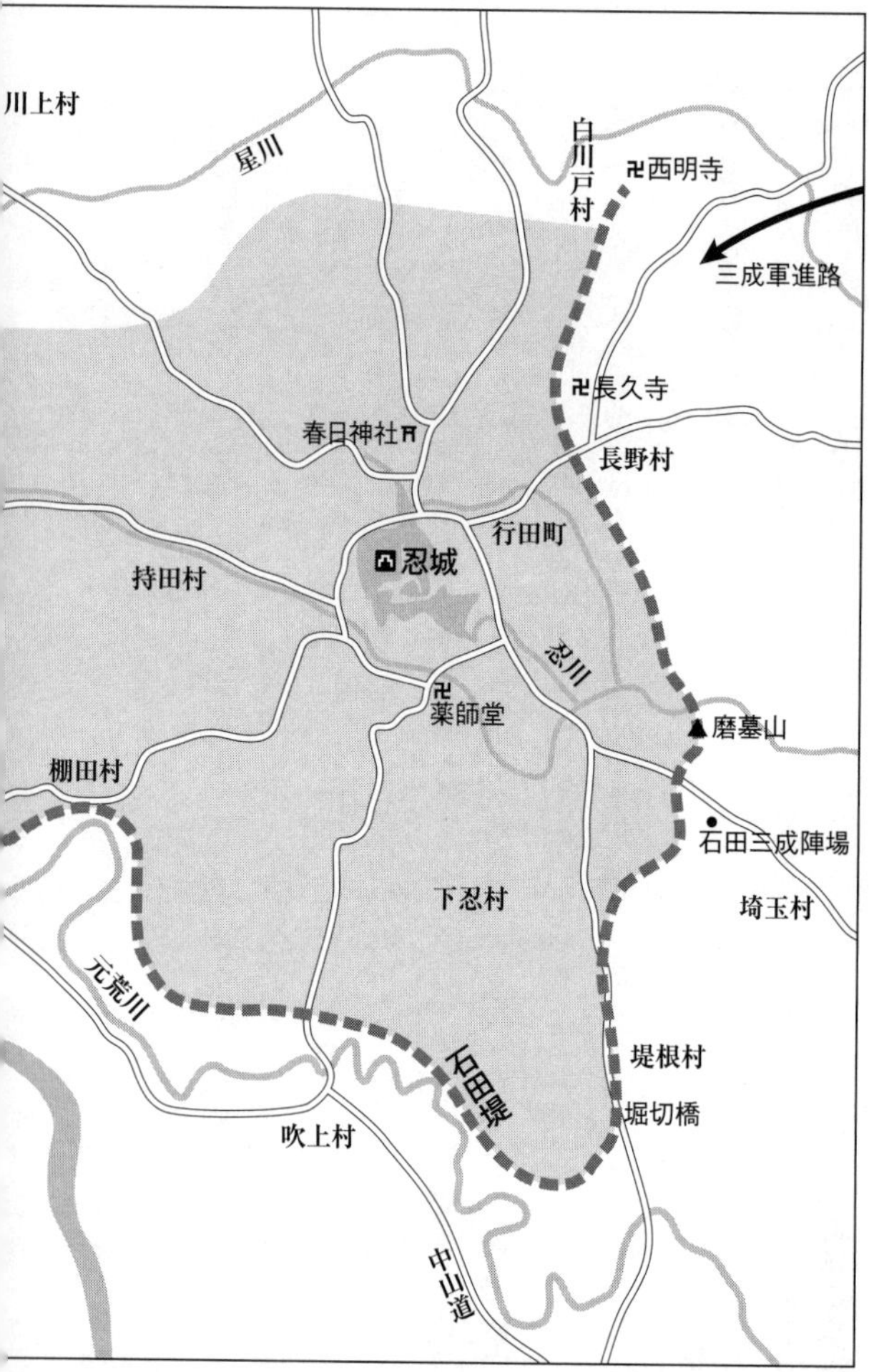

忍城城の戦い関連図
「石田堤現存図」、行田市教育委員会「石田堤」などをもとに作成

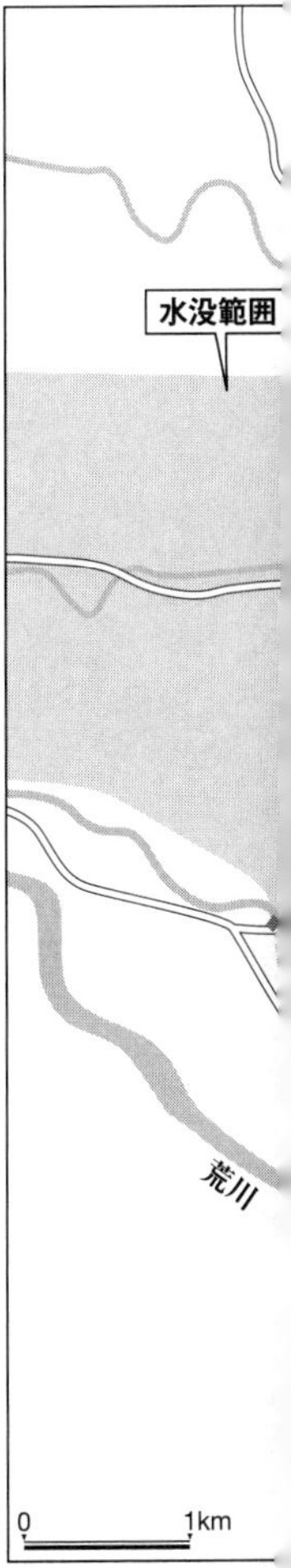

る)、家臣の正木丹波守《たんばのかみ》らが忍城に立て籠もった。

四月には秀吉軍は小田原城に布陣し、同月二十六日には浅野長政らによる別働隊が武蔵・下総《しもうさ》の攻略のために小田原を出発、北陸から進んできた上杉景勝・前田利家らの北国勢も加わって関東各所の城は落城し、小田原城と忍城だけが最後まで残っていた。

石田三成は館林《たてばやし》城・忍城攻めの総大将に任ぜられ、大谷吉継《おおたによしつぐ》・長束正家《なつかまさいえ》という秀吉の側近と佐竹義宣《さたけよしのぶ》・多賀谷重経《たがやしげつね》・水谷勝俊《みずのやかつとし》・宇都宮国綱《うつのみやくにつな》・結城晴朝《ゆうきはるとも》ら関東の諸将など二万余りの軍勢を率いて館林城を五月末に陥落させると六月六日には忍城を包囲した。

忍城には正規の兵が一〇〇〇人前後、周辺の農民・町人・僧侶などが逃げ込み、総勢三〇〇〇人前後が籠城していた。その忍城では六月七日に城代の成田泰季が死去し、嫡男の長親が新たに指揮を執ることとなった。

攻城戦にまつわる俗説

滋賀県が「石田三成発信プロジェクト」として、同県出身の石田三成と滋賀県の認知度・好感度の向上をはかるために作成した石田三成のCMに次のような場面がある。工事現場風の男性が「えっ？　たった五日で二八キロの堤防⁉　そんなの無理」というと、石田三成が「Possible‼」と答えるというものであるが、この「五日で二八キロの堤防」こそ忍城攻めの時に三成が築いたいわゆる石田堤である。ちなみに踊る石田三成の下に字幕で小さく「築堤においての実績であり、戦果を保証するものではありません」とあるが、この戦いで三成が手痛い反撃を受けたことを示しているのであろうか。

三成は忍城の攻撃を開始するが、冒頭に記したように湿地帯の中に浮かぶような忍城の地理的条件から攻略に手間取り、その地形を利用して水攻めを採用したという。六月七日には水攻めのための堤防である通称石田堤が着工され、五日後には堤は完成、荒川と利根川の水を引き込み、堤内は水で満ちた。しかし二日後には堤防の一部が決壊し、石田勢は三〇〇人近い溺死者を出したという。

六月二十五日には浅野長政の軍勢が援軍として到着し、二十七日には長政軍は大手口から本丸に迫る猛攻を見せたが、成田氏長の娘の甲斐姫が奮戦して長政軍を退け、七月五日にも持田口から攻めかかる浅野長政・真田《さなだ》昌幸《まさゆき》・真田信繁《のぶしげ》（幸村として知られる）の軍を甲斐姫が退けた、という。

しかし七月六日には小田原城の北条氏直《うじなお》が秀吉に降伏、小田原城は開城することとなった。秀吉の命で氏長は忍城籠城軍に書状を送り、開城を促した。その結果七月十四日には甲斐姫らは鎧を着用して馬に乗り堂々と退城していった、という。彼女らの退城後に三成は城内に入り、城代の長親と忍城の明け渡しの交渉に入ったという。

一次史料から見た忍城攻略戦

前項で述べた石田三成による水攻めの計画及び実行、そしてその失敗や甲斐姫の活躍とそれに振り回される秀吉軍の姿は、三成の戦下手というイメージを作り上げる一端となっている。しかし甲斐姫の奮戦は当時の史料（一次史料）には見えず、江戸時代末期に編纂された『成田記』をはじめとする軍記物に描かれているものである。

近年軍記物に基づく歴史像を相対化する試みが多くの合戦について行われている。行田市から発刊されている『行田市史　資料編　古代中世』には、忍城攻略戦に関する一次史料とその読み下し及び解説が収められており、忍城攻略戦の実態を知ることができる。また行田市郷土博物館の「開館二〇周年記念　第二一回企画展　忍城主成田氏」展示解説は、成田氏関連論文を収めた黒田基樹氏編著や石田三成関連論文を収めた谷徹也氏編著にも入っており、忍城攻略戦及び成田氏の歴史がまとめられている。

まずは豊臣秀吉の朱印状に三成のもとに佐竹義宣ほかの諸将二万人を忍城に遣わしたことが見える。そして六月十二日付の三成宛の秀吉朱印状には忍城から命乞いが出されていること、秀吉の指示に従い水攻めを実行すると周辺は荒地となるため、救済措置として非戦闘員を周辺の城に避難させることを命じている。

翌日、三成が浅野長政・木村常陸介《ひたちのすけ》に送った書状では、忍城攻めの準備が終わったために先鋒隊を引き上げるように秀吉から指示があったことなどが記されている。

二十日付の三成宛の秀吉朱印状では、水攻めのための築堤の絵図を承認したこと、浅野長政や真田昌幸を派遣すること、油断なく水攻めを行うべきことが伝えられている。

六月付の加藤清正宛の榊原康政《さかきばらやすまさ》書状では、忍城の水攻めの準備に対し「種々の懇望」があったと記している。

七月三日付の長政宛の秀吉朱印状では、忍城皿尾口で奮闘した長政の戦功を褒賞するとともに、皿尾口は手薄であり簡単に攻略できること、忍城は水攻めに決定していることを伝え、いたずらに城攻めを行うことに対して釘を刺している。

七月六日、北条氏直の降伏と小田原開城を受けて出された上杉景勝・前田利長・木村常陸介・山崎堅家宛の秀吉朱印状には、氏政らの切腹の決定とともに忍城の堤の様子の視察を命じている。さらに秀吉自身も岩付城《いわつき》に向かう途中で忍城の視察を行う予定であることも述べられている。

七月十日付の長政宛の町野重仍《しげより》（繁仍）書状では、七月五日に忍城から打って出てきた城兵と交戦した長政勢に多くの負傷者が出たことが記され、浅野勢の負傷者の件については織田信雄《のぶかつ》の書状にも見られる。忍城からの抵抗が熾烈《しれつ》を極めていたことがうかがえる。

七月十四日に浅野長政が忍城攻めの検使であった滝川忠征《ただゆき》に宛てて、忍城からの懇望によって長政と木村常陸介が忍城に入城することを知らせており、同様の書状は木村常陸介からも忠征に送られている。

一連の動きを見ていると、水攻めを決めたのは三成ではなく秀吉であったらしいことがわかる。さらに力攻めを行った長政に対しても水攻めの方針を強く伝えるなど、秀吉の水攻めに対するこだわりがうかがえる。

中野等氏は忍城の水攻めについて、「秀吉軍の圧倒的な物量作戦・組織力を見せつけるためのデモンストレーションであったと見るべき」としている。そしてその資材や陣夫を管理し、物量作戦を指揮する上で三成は格好の主将であったとしている。

成田氏のその後

北条氏滅亡後は北条氏の旧領は徳川家康に与えられ、忍城には先述したように松平家忠が暫定的に入り、その後家康の四男の松平忠吉が入ることとなる。

成田氏長は改易され、蒲生氏郷《がもううじさと》に預けられることとなった。氏郷は奥州仕置で会津黒川城と四二万石を与えられ、氏長は氏郷家臣となったが、天正十九年（一五九一）に下野烏山《しもつけからすやま》（栃木県烏山市）二万石を与えられ、大名に復帰した。その後は烏山の統治を弟の泰親に任せ、氏長自身は京都で歌人として暮らし、文禄の役にも参陣している。

氏長は文禄四年（一五九五）京都で死去し、弟の泰親が跡を継いだ。泰親は関ヶ原の戦いで東軍に属し三万七〇〇〇石に加増されたが、泰親の死後は一万石に減封され、その子氏宗の死後に後継者をめぐる争いが起こり、幕府は氏宗に嗣子なしとして改易とした。その子孫は幕府御家人として存続する。

長親は氏長と対立し、松平忠吉に仕える子の長季を頼り尾張に移住、長親の子孫はその後も尾張藩士として存続した。

氏長の娘の甲斐姫については軍記物に描かれた奮戦が有名であるが、その後その武芸と美貌に惚れ込んだ秀吉の側室になり、天秀尼《てんしゅうに》を産んで秀頼《ひでより》を支えたという話が伝わる。現状では一次史料では「可ゐ」という秀吉の側室が醍醐《だいご》の花見で和歌を詠んでいるという記録が残るのみで、彼女が「甲斐姫」かどうかはわからない。「成田系図」の秀吉の妾となった、という記述など断片的な記録しか残されていない。

〔主要参考文献〕

『行田市史　資料編　古代中世』（二〇一二年）
黒田基樹編『論集戦国大名と国衆7　武蔵成田氏』（岩田書院、二〇一二年）
谷徹也編著『シリーズ・織豊大名の研究7　石田三成』（戎光祥出版、二〇一八年）
中野等『石田三成伝』（吉川弘文館、二〇一七年）
洋泉社ムック『忍城合戦の真実』（二〇一二年）

第三部

家康の攻城戦

第十一章　岐阜城の戦い――関ヶ原合戦の前哨戦

入江康太

岐阜城最後の戦い

岐阜城（岐阜市）は美濃《みの》国の政治的中心であり、戦国時代、この城を巡り幾度も戦いが繰り広げられた。岐阜城を舞台とした最後の戦いは、慶長五年（一六〇〇）八月二十三日に関ヶ原合戦の前哨戦として、西軍方の拠点であった同城を東軍方が攻めたものである。

この戦いについては、これまで当時の書状や合戦参加者の記録などから研究が行われ、戦闘の経過や関ヶ原合戦全体の中での位置づけが行われてきた。

本章では、そうした先学の成果をもとに、岐阜城最後の戦いにして、関ヶ原合戦の行方を決定したとも言える、慶長五年の岐阜城攻防戦について紹介する。

岐阜城（稲葉山城）は、濃尾平野にそびえる金華山《きんかざん》（稲葉山、標高三二九メートル）の山頂に築かれた山城である。岐阜市街の北東に位置し、北を長良川《ながらがわ》が流れ、山上からは濃尾平野を一望できる。岐阜城は、金華山という天然の要害が城そのものであり、山上に詰城、山麓に居館が設けられた二元的構造になっていた（中井：二〇〇三）。また、城下町は金華山を背後にして、惣構《そうがまえ》で囲まれていた。

鎌倉時代の建仁《けんにん》年間（一二〇一〜一二〇四）に二階堂行政《にかいどうゆきまさ》が築城したと伝わる（『美濃明細記』）。しかし、稲葉山城が歴史上、明確に姿を現すのは、戦国時代に入ってからである。天文《てんぶん》八年（一五三九）頃、斎藤道三《どうさん》は城および城下町井口《いのくち》の整備を進め、その過程で金華山の丸山にあった伊奈波神社を現在地に移したと言われている。天文十九年頃、道三は、美濃守護土岐頼芸《ときよりよし》を追放して美濃の支配者となったが、息子の義龍《よしたつ》と対立し、弘治《こうじ》二年（一五五六）、長良川の戦いで敗死してしまう。

父道三を破った義龍は、美濃国内の支配体制の整備を進め、織田信長の侵攻をよく防いだが、永禄四年（一五六一）に急死した。跡を継いだ龍興《たつおき》は、若年であり、国内をまとめられず、永禄十年に稲葉山城を信長に攻略され、伊勢に逃れた。

新たに美濃の支配者となった信長は、居城を尾張国小牧山城（愛知県小牧市）から稲葉山城に移し、城下町の名を岐阜と改めた。岐阜の「岐」とは木曽川（岐蘇川）を指し、「阜」

は小高い丘を意味する。もとは禅僧が木曽川の北に位置する稲葉山城を岐阜あるいは岐陽（陽は川の北側の意味）と呼んでおり、かつそれは、周の文王が岐山《きざん》に都を置き、次代で天下を取ったという中国の故事も意識されていた。信長はそれらを踏まえて岐阜と改名したと考えられている（『岐阜県史』通史編近世上、『岐阜市史』通史編原始・古代・中世）。

信長は、天正三年（一五七五）に家督を嫡男の信忠《のぶただ》に譲り、信忠は岐阜城主として美濃・尾張を支配した。

天正十年、本能寺の変で信長・信忠父子が横死すると、信長の三男信孝《のぶたか》が岐阜城主となった。だが城主となって間もなく、信孝は兄信雄《のぶかつ》、羽柴秀吉と対立し、柴田勝家と手を結び争うが、天正十一年に敗北して自害した。

信孝滅亡後、池田恒興《つねおき》（信長の乳兄弟）が美濃に一三万石で入り、大垣城（岐阜県大垣市）を居城として、嫡男元助《もとすけ》を岐阜城、次男輝政《てるまさ》を池尻城（大垣市）にそれぞれ置いた。恒興は天正十二年の小牧・長久手の戦いで秀吉方につき、徳川家康と戦い、元助と共に討死する。生き残った輝政は、家督を継いで岐阜城主となり、一〇万石を領した。

輝政は、天正十八年に三河国吉田（愛知県豊橋市）に一五万二〇〇〇石で加増転封されると、秀吉の甥豊臣秀勝《ひでかつ》が後任の城主となった。だが、秀勝は文禄元年（一五九二）、朝鮮半島で陣没し、織田秀信《ひでのぶ》が岐阜城主となる（『岐阜市史』通史編近世）。

秀信は、信忠の嫡男、信長の嫡孫である。秀信は一三万三〇〇〇石を領し、美濃の領主を与力格としてつけられ（山本：二〇一四）、官位は中納言まで上った。秀信は領内統治を進め、慶長五年（一六〇〇）の関ヶ原合戦を迎える。

このように、本能寺の変から一〇年間で目まぐるしく城主は交代したが、いずれの城主も織田、豊臣両氏にとって重要な人物であり、岐阜城が重要視されていたことの表れと考えられる。

小山評定以降の進軍

慶長五年（一六〇〇）六月十六日、徳川家康は、陸奥国会津《むつ あいづ》の上杉景勝《かげかつ》を討伐するため、諸将を率いて大坂を出発した。上杉景勝討伐の軍勢は、家康配下の将はもとより、福島正則《まさのり》（尾張国清須《きよす》城主）のような徳川氏と主従関係にない、豊臣系武将も参加していた。これは、上杉景勝討伐が家康と景勝の私戦でなく、豊臣公儀の名のもとに行われた公戦であるため、豊臣系武将も動員されたのである（笠谷：二〇〇七）。

家康の会津下向後の七月十一日、居城である近江《おうみ》国佐和山城（滋賀県彦根市）に蟄居《ちっきょ》していた石田三成は、大谷吉継《おおたによしつぐ》（越前国敦賀《つるが》城主）と共に家康打倒の兵を挙げた。

三成挙兵の情報を得た家康は、七月二十五日、下野《しもつけ》国小山《おやま》（栃木県小山市）で諸将と協議して上杉景勝討伐を中止し、軍を返して三成を倒すことを決定した。福島正則ら豊臣系武将たちは、東海道を先行して八月中旬には正則の居城清須城に集結した（以下家康方の軍勢を東軍と呼ぶ）。

家康も八月五日に江戸に戻ったが、西上せずに江戸に留まった。その理由は、上杉景勝に背後を衝《つ》かれないための防衛態勢を整える必要があったこと、加えて家康が豊臣系武将を十分信用できなかったためであった。

なぜ家康は豊臣系武将を信用しきれなかったのか。小山の評定《ひょうじょう》において家康と諸将は、敵を石田三成、大谷吉継と認識していた。しかし、三成は挙兵後、大坂の豊臣奉行衆を抱き込み毛利輝元《てるもと》（安芸《あき》国広島城主）を総大将として、七月十七日に家康の弾劾状（「内府ちかひの条々」）を発し、豊臣秀頼《ひでより》への忠節を求めた。その結果、三成らの呼びかけに応じた諸将により西軍が形成された。

その情報が家康のもとに届いたのは、小山の評定後のことであった。つまり、評定で前提とされた状況は激変し、豊臣政権中枢が反家康でまとまり、豊臣系武将たちの動向は予断を許さないものとなった（笠谷：二〇〇七）。

そこで家康は、自身は江戸に留まり、代わりに重臣の井伊直政《いいなおまさ》・本多忠勝《ほんだただかつ》に軍事指揮権を委任した上で清須城に派遣した（野田：二〇一七）。

上杉景勝討伐に従軍した豊臣系武将は家康につき、東軍を形成した。一方、美濃国岐阜城主織田秀信は西軍につき、秀信の与力格の領主も西軍についた。石田三成は、秀信ら美濃の領主と合流し、伊勢方面の西軍と共に尾張方面への進出を企て、八月十一日に大垣城に入る。また、尾張国犬山城主石川光吉《みつよし》も西軍につき、同城は尾張国における西軍方の橋《きょう》頭堡《とうほ》として、美濃の領主たちも籠城し、厳重に守りを固めていた（山本：二〇一四）。こうして木曽川を境に東西両軍がにらみ合う形勢になっていた。

そうした中、八月十九日、家康からの使者村越直吉《むらこしなおよし》は、清須城に集結した福島正則・池田輝政ら東軍諸将に家康不出馬を伝えた。そこで福島らは相談の上、木曽川を越えて岐阜城を攻撃することを決定した。

八月二十二日、東軍諸将は、福島正則、池田輝政をそれぞれ大将とする組に分かれ、木曽川の渡河を開始した。福島の組には黒田長政《ながまさ》（豊前《ぶぜん》国中津城主）、藤堂高虎《とうどうたかとら》（伊予国板島城主）、京極高知《きょうごくたかとも》（信濃国飯田城主）らが、池田の組には浅野幸長《よしなが》（甲斐国府中城主）、山内《やまうち》一豊《かずとよ》（遠江《とおとうみ》国掛川城主）、一柳直盛《ひとつやなぎなおもり》（尾張国黒田城主）らがそれぞれ所属し、その総勢は四万人以上の大軍であった（白峰a）。

福島の組は、清須城から北西に進み、萩原・起《おこし》（いずれも愛知県一宮市）から木曽川を越えた。このコースを通過するには、多数の船が必要であり、船を準備できるのは地元の領主である福島のみであった。それゆえ福島の組がこのコースを担当したと考えられる（山本：二〇一四）。渡河後、福島らは、加賀野井・竹ヶ鼻（いずれも岐阜県羽島市）近辺を放火して、岐阜城に迫った（『愛知県史』資料編13織豊3、九八四号、以下同書所収の史料は、愛〇〇〇号と略称）。

池田輝政の組は、清須城から北上し、河田（一宮市）から木曽川を越えた。織田秀信は岐阜城から出陣し迎撃したが、飯沼勘平を始め多くの兵を討ち取られ、城へ撤退した。この時の秀信の軍勢は、五〇〇〇人あるいは二〇〇〇人と言われている。池田の組だけで約二万人の軍勢であるから、数で勝る池田たちに秀信の軍勢は圧倒されたのだろう。ただし、池田の組の先陣を務めた一柳直盛は、大身の家臣を討ち取られており（愛九七一号）、両軍は激しく戦い、東軍側も少なくない損害を出した。

なお、福島の組が木曽川を渡河する際、敵の抵抗が激しく、渡河地点を起から加賀野井

兵力は白峰旬『新解釈関ヶ原合戦の真実』より

岐阜城の戦い関連図
『岐阜県の地名』特別付録岐阜県全図をもとに作成

に変更し、渡河後、竹ヶ鼻城を攻略したことが伝えられている。また池田の組と織田秀信との戦いは、一般に米野《こめの》の戦いと言われている。

しかし、最近の研究によると、福島らの渡河地点変更・竹ヶ鼻城攻略エピソードは、同時代の書状や合戦参加者の記録に見られず、一七世紀後半に成立した軍記物が初出であり、新たに追加された可能性が指摘されている。池田と秀信との合戦場も、米野の地名が初めて登場するのは一八世紀初めに成立した軍記物である。米野は寛永十六年（一六三九）に古宮村から分離独立すること、合戦場は同時代の書状などでは新加納《かのう》と記載されていることから、合戦時、米野の地名は存在せず、後の米野を含む広範囲の戦場が新加納と認識されていた可能性が指摘されている（内堀：二〇二一）。

こうして二手に分かれて進撃した福島正則、池田輝政がそれぞれ率いる組は、木曽川の渡河に成功し、岐阜城に迫った。

開城までの短期決戦

慶長五年八月二十三日未明、福島正則の組と池田輝政の組は合流して、岐阜城に進撃した（愛九八四号、一〇七一号）。攻撃を受け、岐阜城はわずか一日で落城する。以下、当時の書状や戦闘参加者の記録などから、その経過を見る。

まず攻撃目標となったのは、岐阜城下の惣構であった。福島正則の軍勢と行動を共にしていた尾張国小折《こおり》(愛知県江南市《こうなんし》)の領主生駒利豊《いこまとしとよ》の回顧によると、惣構の出入り口には門、土居、塀が設けられていた。生駒は土居に上り、塀を乗り越えて門を押し開けた。しかし、惣構に織田秀信の兵はおらず、攻撃側は反撃を受けることなく惣構を突破することができた(白峰b、愛一〇八八号)。

また、金華山から南に伸びた瑞龍寺山《ずいりょうじやま》には岐阜城の南方を守る砦が築かれ、石田三成の家臣柏原左近が守備していた。浅野幸長、一柳直盛らは同砦を攻略し、柏原を討ち取った(白峰c、愛一〇〇一号)。

惣構を突破した攻撃側は、岐阜城の大手口である七曲から福島正則の軍勢が、搦手《からめて》として達目洞《だちぼくぼら》から京極高知の軍勢がそれぞれ攻め上った。一般的に、もと岐阜城主で地形に精通した池田輝政が水の手口から攻め上ったことが知られている。しかし、最近の研究によると、このことは当時の書状に見られず、合戦参加者の後日談、さらには池田家家臣の武功集でも確認できない。現在確認できる、このエピソードの初出は、一七世紀半ばに成立した軍記物であり、後世の創作である可能性が高いことが指摘されている(内堀：二〇二一)。

城下で守備側の抵抗は見られなかった。しかし、攻撃側が金華山を登り、岐阜城に迫る段階になると守備側の抵抗が確認される。日野岡峠では攻撃側が四回押し戻されているが、この峠は、七曲が谷道から尾根道に切り替わる地点と考えられている(土山:二〇〇四)。

また武藤つふらでも、守備側は反撃を試みている(白峰b)。この武藤つふらは、七曲口を登った登城路にあった砦(内堀:二〇一二)、あるいは大手門の近くにあった曲輪の名称(白峰b)と考えられている。武藤つふらで反撃した者に与えられた感状によると、本人は敵の弓による攻撃で負傷し、その他にも負傷者が多数出たとあるので、攻撃側はそうした反撃を退け、守備側を追い詰めていったと考えられる。

山上の城郭部に至った攻撃側は、大手門を突破し、埋門《うつみもん》まで攻め込んだ。埋門は天守台際にあったと考えられており(白峰b)、もしそうだとすると、攻撃側は天守間際まで攻め込んでいたことになる。

追い詰められた守備側は、秀信の家老百々《どど》綱家《つないえ》と木造長政《こづくりながまさ》が、主君の身命の安全を条件に降伏を攻撃側に申し出た。福島正則は、井伊直政・本多忠勝と相談し、その了承の上で降伏を受け入れることになった。

織田秀信の降伏

降伏した織田秀信は、まず尾張国、ついで高野山に送られた。

秀信の配下に諏訪孫一という新参の家臣がいた。諏訪はこの戦いで籠城し、岐阜城落城当日の八月二十三日付で秀信から感状を与えられている（『岐阜県史』史料編古代・中世補遺）。その感状は、「土佐国蠹簡集残編《とさのくにとかんしゅうざんぺん》」（国立公文書館所蔵）という史料集に収録されている。同史料集には感状に続けて、「岐阜中納言殿家老分籠城仕者之覚」という覚書（正保《しょうほう》四年〈一六四七〉成立）が収録されている。感状、覚書は共に諏訪半兵衛という人物が所蔵しており、覚書は孫一のものと推測される。

この覚書から降伏の具体的な流れが確認できる。覚書によると、二の丸が攻略され、本丸が攻撃されるようになると、和議が結ばれることになった。そのことを井伊直政、福島正則の攻め手が触れて廻り、本丸の守備側と攻撃側との間で使者の出入りがあった。その結果、攻撃側からは森勘解由《かげゆ》（尾張国刈安賀《かりやすか》領主）が人質として城内に入り、守備側からは勘解由の甥で秀信の小小姓《こごしょう》森左門が人質として攻撃側に差し出された。この人質交換は、和議を保証し、また秀信の生命の安全を保障することを目的としたものであったと考えられる。

八月二十三日の日暮れ、秀信は城を下り、町はずれの「もんと寺」（円徳寺のことか）に落ち着いた。秀信には森勘解由も同道し、寺で勘解由は秀信に弁当を振る舞った。秀信に同道した家臣は四、五人、そのうち家老は足立中務《なかつかさ》一人であった。秀信は、同日夜中に尾張国小折村（領主：生駒利豊）に向かい、翌二十四日の夜明け頃に到着した。勘解由は小折村まで秀信に同行し、同村到着後すぐに美濃国赤坂（岐阜県大垣市）に向かった。ちなみに勘解由は、九月十五日の関ヶ原合戦で討死した（愛一〇七七号）。

なぜ森勘解由は、和議締結を保証する人質に起用され、しかも秀信の小折村行きに同行したのだろうか。

実は勘解由と秀信には血縁関係があった。勘解由の母は生駒家宗《いえむね》の娘である。家宗の別の娘は織田信長の側室となり、信忠、信雄らを生んだ。また岐阜城攻撃に参加した生駒利豊は、家宗の孫である（松浦：二〇一七）。すなわち、森勘解由は信忠、利豊の従兄弟であり、秀信は勘解由から見て従甥《いとこおい》にあたる。勘解由とその甥森左門が攻撃側、守備側双方の人質として起用された背景には、こうした血縁関係があった。秀信が小折村に向かったのは、領主生駒氏が祖母の実家であり、また生駒利豊は岐阜城攻撃に参加したが、秀信と最

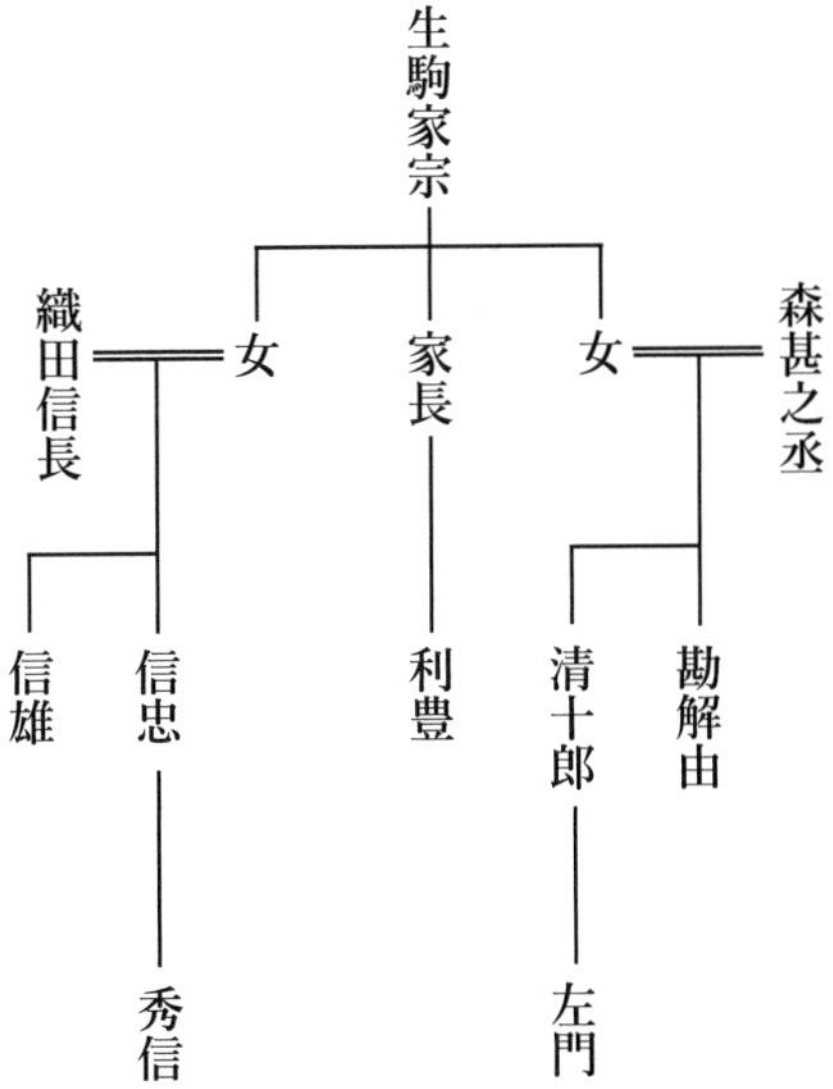

織田・生駒・森略系図
松浦：2017、加藤國光編『尾張群書系図部集』上・下をもとに作成

も近い親戚であることから、その身柄を引き受けたと考えられる。

岐阜城はなぜ、あっけなく落城したのか。最大の理由は兵力の少なさであろう。仮に秀信が一〇〇石につき五人（ちなみに上杉景勝討伐軍は一〇〇石につき三人）動員したとしても、総兵力は六六五〇人であり、攻撃側の兵力（総勢四万人以上）の四分の一にも満たない。加えて前日に池田輝政らに敗北し、将兵を失っている。先に紹介した諏訪孫一の覚書によると、二の丸に守備側が引き揚げた際、「侍」（部隊を指揮する身分の者か）三六人のうち、二〇人が狭間を潜り、堀を乗り越えて逃亡したとあるから、士気も落ちていたのだろう。また同じ頃、美濃国中では一揆が蜂起し、鎮圧のため秀信は家臣を派遣したと言われている（山本：二〇一四）。

こうして見ると、守備側は攻撃側に対して圧倒的に少ない兵力にもかかわらず、一揆への対処のため兵力を分散しなくてはならなかった。しかも八月二十二日に池田輝政らに敗北し、兵力をさらに減らした上で、攻城戦当日を迎えた。そうした状況では、士気も上がらず、逃亡者も現れ、短時間での敗北、落城となったと考えられる。

高野山に流された織田秀信は、慶長十年（一六〇五）に死去し、織田家の嫡流は断絶した。

慶長六年に奥平信昌《おくだいらのぶまさ》が十万石で美濃国加納（岐阜県岐阜市）に転封されると、その居城として加納城が築城され、岐阜城は廃城となった。岐阜城跡、岐阜町は江戸幕府の直轄領となり、元和《げんな》五年（一六一九）からは尾張藩領となった。金華山は尾張藩主の御山として、江戸時代を通じて同藩により管理された（『史跡岐阜城跡総合調査報告書』Ⅰ）。

覇権確立に向かう家康

岐阜城で戦いが行われている同じ頃、岐阜城救援のため石田三成らの軍勢が、大垣城から長良川右岸の河渡《ごうど》（岐阜県岐阜市）までやって来た。黒田長政、藤堂高虎らは長良川を渡り石田らの軍勢を撃破した。東軍諸将は赤坂まで進出し、大垣城の西軍とにらみ合う形勢となった。さらに尾張国内の西軍の拠点犬山城も九月初め頃までには開城した（山本：二〇一四）。岐阜城の落城により、西軍方の防衛ラインは木曽川から西美濃まで一気に後退し、また福島正則をはじめとする豊臣系の東軍諸将の帰趨《きすう》は明確になった。

家康は岐阜城攻略の知らせを受けると西上を決意し、九月一日に江戸を出陣する。これは家康が東軍諸将の動向に、ようやく確信を持つことができたためであった。ただし、家康の西上決意の原因はそれだけではない。岐阜城攻略は、まったく豊臣系武将たちの働きによるものであり、赤坂まで進軍した彼らの勢いを見て、家康抜きで西軍を撃破することを恐れたためでもあった（笠谷：二〇〇七）。

福島正則は、岐阜城攻略を報じた書状の中で、諸将と相談して八月二十五日に石田三成の居城佐和山城に出撃すると述べており（愛九八四号）、家康の到着前に、福島ら豊臣系武将が西軍を撃破する恐れは十分にあった。もし、そうなった場合合戦後、諸将に対する家康の発言力は小さなものになるだろう。

また現地には家康の名代として、井伊直政・本多忠勝を派遣していたが、彼らだけでは、勢いに乗る諸将の動きを完全に統制することは困難であった。実際、岐阜城攻撃の行軍で、福島正則の軍勢に同行していた井伊・本多は、諸将から最後尾につくよう要請された。井伊らは、戦況を把握し家康に報告するためには行軍位置は福島の軍勢の後ろである必要があると主張したが、結局、諸将の要請を受け入れざるを得なかった（愛九七一号）。

家康は、東軍諸将に自身及び中山道を進む徳川秀忠《ひでただ》の到着を待つよう命じつつ、九月十三日に岐阜を経て、同月十四日、赤坂に到着した。大垣城の石田三成ら西軍諸将の軍勢は、家康の赤坂到着を知ると、関ヶ原に移動し、九月十五日の関ヶ原合戦を迎える。東軍による岐阜城攻略を境に事態は一気に動いたことが分かる。

岐阜城攻防戦に家康は参加しておらず、同城攻略の功績も豊臣系の東軍諸将のものである。だが、この戦いは、関ヶ原合戦の流れを決定づけ、家康の覇権確立の上で重要なものであったと言える。

〔主要参考文献〕

内堀信雄「岐阜城の戦いに関する地理情報について」（『史跡岐阜城跡総合調査報告書』I　岐阜市、二〇二一）
笠谷和比古『戦争の日本史17　関ヶ原合戦と大坂の陣』（吉川弘文館、二〇〇七年）
同『関ヶ原合戦』（講談社学術文庫、二〇〇八年、単行本は一九九四年刊行）
白峰旬a『新解釈関ヶ原合戦の真実　脚色された天下分け目の戦い』（宮帯出版社、二〇一四年）
同b「慶長五年八月二十三日の岐阜城攻城戦について」（『戦国武将と城　小和田哲男先生古稀記念論集』サンライズ出版、二〇一四年）
同c「慶長五年八月二十二日の米野の戦い、同月二十三日の瑞龍寺山砦攻めについての一柳家の首帳に関する考察」（『別府大学大学院紀要』第二十三号、二〇二一年）
土山公仁「岐阜城8月23日の戦い」（『博物館だより』岐阜市歴史博物館、二〇〇四年）
中井均「岐阜城跡（稲葉山城）」（『岐阜県中世城館跡総合調査報告書』第二集、岐阜県教育委員会、二〇〇三年）
野田浩子『井伊直政　家康筆頭家臣への軌跡』（戎光祥出版、二〇一七年）
松浦由起「福島正則―尾張衆から見た関ヶ原の戦い」（『関ヶ原はいかに語られたか　いくさをめぐる記憶と言説』

勉誠出版、二〇一七年）
山本浩樹「関ヶ原合戦と尾張・美濃」（『関ヶ原合戦の深層』高志書院、二〇一四年）

第十二章　長谷堂城の戦い――「北の関ヶ原」と呼ばれた攻防

水野伍貴

山形城を守る最終防衛ライン

本章では、「北の関ヶ原」を取り上げる。「北の関ヶ原」とは、徳川家康ら東軍と、石田三成ら西軍が争った慶長五年（一六〇〇）の大戦（関ヶ原の役）の奥羽《おうう》（東北地方）での戦いであり、西軍の上杉景勝《かげかつ》と東軍の最上義光《もがみよしあき》・伊達政宗らが戦った。そして、「北の関ヶ原」で最も有名な攻城戦が長谷堂《はせどう》城の戦いである。

長谷堂城は、山形市大字長谷堂城山に所在した山城である。記録に初めて登場するのは、永正《えいしょう》十一年（一五一四）二月十五日、伊達稙宗《たねむね》が最上方の長谷堂城を攻略し、城将として小梁川親朝《こやながわちかとも》が置いたとする記述である（『伊達正統世次考』）。

その後、長谷堂城は再び最上氏の手に帰し、「北の関ヶ原」の時は、最上家臣・志村光《しむらあき》安《やす》が城将を務めていた。

長谷堂城は、最上氏の本城である山形城（山形市霞城町《かじょうまち》）から南西に八キロメートルのところに位置する。山形から宮内（山形県南陽市）に至る小滝街道と、南進して上山《かみのやま》（山形県上山市）に至る道が交差する交通の要衝であり、山形城を守る最終防衛ラインであった。

城は、標高二二三〇メートルの独立丘陵（城山）に築かれ、山頂にある主郭は、東西約七〇メートル、南北約七八メートルの規模を有している。主郭から標高二〇〇メートルのラインにかけて曲輪《くるわ》群を輪郭式に配置している。

また、城山の南側は急斜面となり、東方に本沢川《もとさわ》が流れ、西方から北方には深田がある。そして、上幅九メートル、高さ五メートルの土塁と、水堀が惣構《そうがまえ》として、山麓と城下を囲んでいた。

既定路線だった会津征討

慶長三年（一五九八）八月十八日、豊臣秀吉は伏見城（京都市伏見区）で病歿《びょうぼつ》した。秀吉の後継者である秀頼《ひでより》は六歳であったため、秀吉は五人の有力大名を「五大老」とし、秀吉直属の吏僚的な性格を持った大名五人を「五奉行」として後事を託しており、徳川家康と上杉景勝は五大老のメンバーであった。

当時の家康は、正二位内大臣の官位と、関東に約二百五十余万石の領土を有しており、豊臣政権下で他の追随を許さない最有力の大大名であった。

家康が独裁的権力を築くにあたって描いたビジョンは、同じ五大老メンバーを一人ずつ排斥していくことであった。最初の標的は、金沢（石川県金沢市）の前田利長《としなが》であった。家康は利長に謀叛《むほん》の疑いをかけて屈服させ、利長の母・芳春院《ほうしゅんいん》を人質として江戸へ赴かせている。

家康が次に謀叛の嫌疑をかけたのが、会津《あいづ》（福島県会津若松市）に在国していた上杉景勝である。慶長五年四月、家康は糾明使を会津に派遣して、上洛して釈明するよう要求し、上洛がない場合は征討軍を遣わす旨を通告した。

この時、上杉家老臣・直江《なおえ》兼続《かねつぐ》が「直江状」と呼ばれる書状で「謀叛の心が無いのであれば上洛しろとは、乳呑み児の如き応対」、「内府《だいふ》（家康）様は言葉と内心が相違していると思います」と、家康に挑戦的な態度で上洛を拒絶したエピソードは有名であるが、「直江状」は歴史的展開にまったくそぐわず、偽文書であることは明らかである（水野：二〇二三）。

実際は、糾明使に対して上杉氏は上洛に応じる回答をしており、同時に上杉氏に謀叛の動きがあると家康に報告した越後国（新潟県）の大名・堀秀治《ほりひではる》を問い質《ただ》すように申し入れていた。

帰還した糾明使から子細を聞いた家康は、機嫌を悪くした（「坂田家文書」）。軍事指揮権の掌握を図るために会津征討を是が非でも行いたい家康にとって、上洛に応じた上に、正当性を証明しようとする景勝の反応は、都合の悪いものであった。家康は上杉氏の申し入れを容れることなく、さらに上洛に日限を設けるとともに、直江兼続の妻子を人質として江戸へ送るよう要求した。

そのため、景勝は抗戦を決意し、上洛を拒否した。六月十日、景勝は安田能元《やすだよしもと》ら重臣五人に宛てた書状で抗戦の意思を示している（『越後文書宝翰集《ほうかんしゅう》』）。

最終的に景勝は上洛拒否の結論に至ったが、家康はこの通達に接する以前に会津への出兵を号令している。家康は、景勝の返答にかかわらず、江戸まで軍勢を率いて下向する予定であった（「坂田家文書」）。仮に景勝の出した結論が上洛に応じるものだったとしても、家康の息子・秀忠《ひでただ》に連れられての上洛となり、征討軍に対する上杉氏の屈服と謝罪が演出されていたのである。会津征討は既定路線であった。

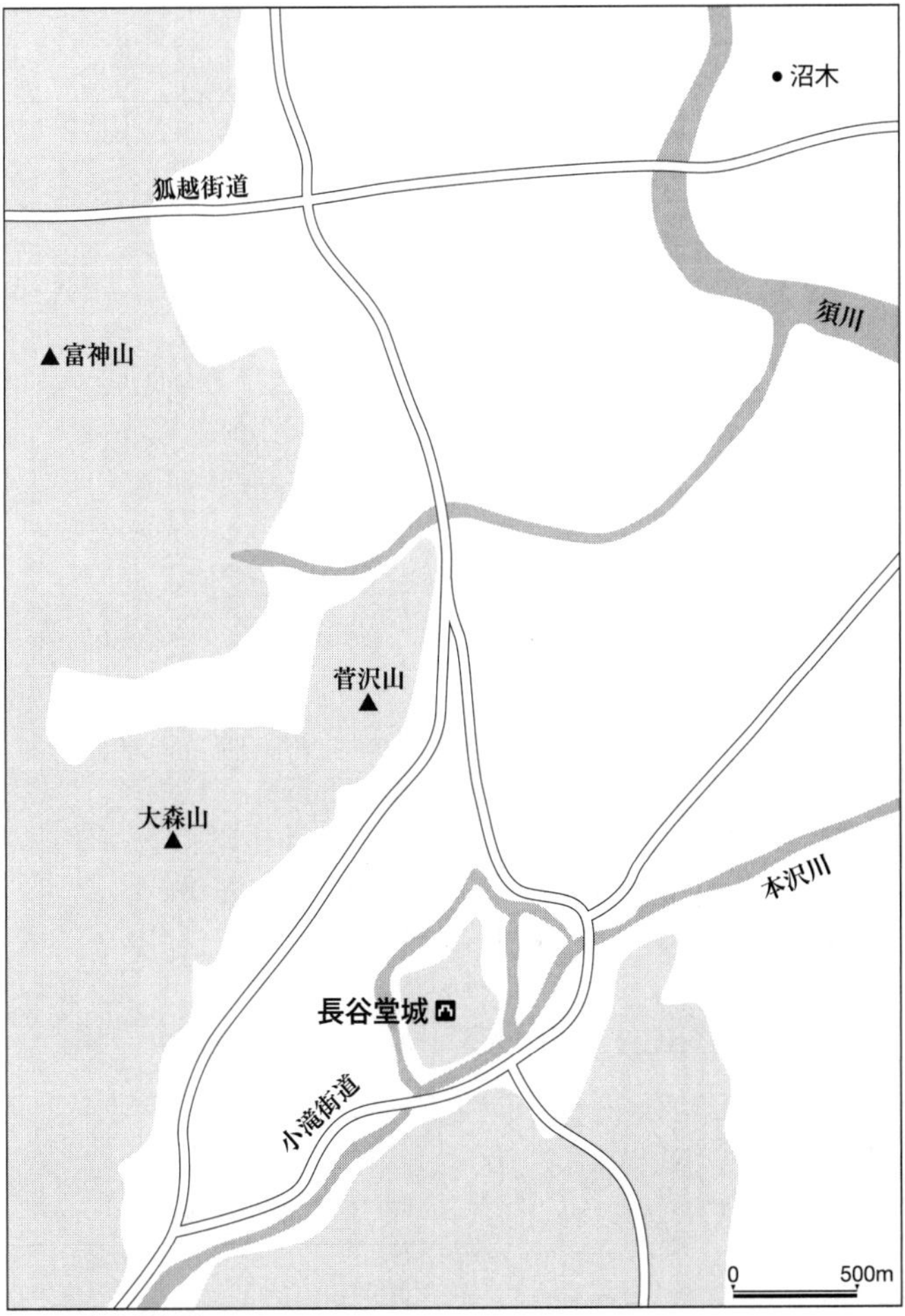

長谷堂城付近
「長谷堂城攻防戦」（「歴史群像」2009年10月号）をもとに作成

西軍の挙兵

上杉景勝は重臣五人に宛てた書状で「（景勝の思いを）解することなく、（抗戦を）理不尽の滅亡と述懐する者は、何者であろうとも相違なく暇を出す」と述べており、勝ち目が薄いことを覚悟の上で抗戦を決意した様子がうかがえる。会津征討は上杉氏にとって望まざるものであった。

家康は六月十六日に大坂城を出陣した。そして、七月二日に江戸城に入り、同月七日には会津へ侵攻する期日を七月二十一日と定めて諸大名に通達した。

奥州岩出山《いわでやま》（宮城県大崎市）の大名・伊達政宗は、家康の命令に従って七月二十一日に北目《きため》城（宮城県仙台市）を出陣、二十四日に上杉方の白石《しろいし》城（宮城県白石市）へ攻撃を開始し、翌二十五日に攻略した。

会津征討は順調に進行していくかにみえた。しかし、上方《かみがた》では石田三成が毛利輝元《てるもと》、宇《う》喜《き》多《た》秀家《ひでいえ》の二名の大老と、五奉行のうち、現役であった増田《ました》長盛《ながもり》、長束《なつか》正家《まさいえ》、前田玄以《げんい》の三名（以下「三奉行」と表記）とともに挙兵した。

家康のもとに届いた第一報では、首謀者は三成と、敦賀《つるが》（福井県敦賀市）五万石の大名・

大谷吉継《おおたによしつぐ》となっていた。毛利輝元の関与も情報として入ってきてはいたが、噂のレベルであったため、家康は事態を楽観して予定どおり七月二十一日に江戸城を出陣。会津征討の本営である宇都宮城（栃木県宇都宮市）へ向けて進軍を開始した。

ところが、次第に毛利輝元の関与の可能性が濃厚となり、七月二十三日、家康は最上義光に対して上杉領への侵攻を一旦制止している（『譜牒余録《ふちょうよろく》』）。そして、福島正則《まさのり》ら会津征討に従軍している諸将を小山《おやま》（栃木県小山市）に召集し、同月二十五日に対応を協議した。世に言う小山評定《ひょうじょう》である。結果、上方で挙兵した西軍への対処を優先することとなった。

こうして、上杉領へ侵攻するために下野《しもつけ》国（栃木県）に集結した諸将は上方へ西上を開始した。また、津川《つがわ》口から上杉領へ侵攻する予定であった前田利長も上方へ兵を向けた。

そして、三成ら西軍は上杉氏に連携を申し入れ、西軍と上杉氏は連携をおこなう。仙道《せんどう》口から上杉領へ侵攻する予定であった常陸《ひたち》水戸（茨城県水戸市）の大名・佐竹義宣《さたけよしのぶ》も、西軍に通じて上杉氏と密約を交わすなど、情勢は上杉氏に有利に運んだ。

家康にとって一番の誤算は、三奉行が西軍に味方したことである。彼らは豊臣家の家老であり、豊臣秀頼の意思を代弁する立場にあった。三奉行が発した檄文《げきぶん》と、それに副《そ》えられた家康の弾劾状（「内府《だいふ》ちかひの条々」）によって、理論上、西軍は「公儀」となり、家康は会津征討の正当性を奪われた。檄文と「内府ちかひの条々」は上杉氏のもとにも届けられ、直江兼続はそれらを奥羽の諸将に転送し、西軍に味方するように促している。兼続の工作は功を奏し、米沢口から上杉領へ侵攻する予定であった盛岡（岩手県盛岡市）の大名・南部《なんぶ》利直《としなお》や、仙北《せんぼく》（秋田県仙北市）、由利《ゆり》（秋田県南西部）の諸将が、上杉氏に接近した。八月二十五日付で上杉景勝が二大老・四奉行（三成が奉行に復帰して四奉行となる）へ宛てた書状には、南部利直・仙北衆・由利衆が上杉氏に西軍与同を申し入れたとしている（「真田家文書」）。

家康の江戸出陣

一方の家康は、小山評定の後も小山に逗留し、八月五日に江戸城に帰還した。下野国に集結していた諸将の西上が、奥羽の諸将に与えた影響（危機感）は計り知れず、結果的に南部利直・仙北衆・由利衆が上杉氏に接近している。

上杉領への侵攻が延引となったことで、一人だけ上杉領に侵攻する結果となってしまった伊達政宗も例外ではなく、焦燥感を覚えていた。政宗は家康に白河《しらかわ》口からの上杉領侵攻を「火急」と促すとともに、占拠した白石城を修築し、兵を増強するなど守りを固めていた。八月十一日は雨が降ってしまい、修築が進まなかったのを受けて政宗は書状で「笑止に候（困ったことだ）」と述べている（『引証記』）。

家康も奥羽の諸将が危機感を覚えていたことは当然理解していただろう。ゆえに小山評定の後も小山に逗留し、宇都宮城に徳川秀忠を残した上で江戸城へ戻っている。その後も家康はすぐには西上せず、しばらく江戸城に留まっている。

当初、家康は八月二十六日に西上する予定であったが、清須《きよす》（愛知県清須市）へ出張していた村越直吉《むらこしなおよし》が八月二十二日に江戸に帰着し、福島正則ら豊臣系大名が美濃《みの》国（岐阜県南部）へ侵攻を開始するとの報せを受けると、西上を延期している（「伊達家文書」）。

家康が西上を延期した理由は、奥羽が予断を許さない情勢だったことにあるだろう。家康は八月二十五日付で蒲生秀行《がもうひでゆき》や大田原晴清《おおたわらはるきよ》ら下野国の領主に対して、西上の延期を伝えるとともに、上杉軍が白河口から南下してきたら駆けつけるので直《ただ》ちに報せるようにと命じている。

直江兼続は、八月四日付で上杉家臣・山田喜右衛門に宛てた書状で、最上と伊達を討ち果たすのは容易であるが、家康の動向が明らかでない以上、攻撃できないと述べている（「秋田藩家蔵文書」）。家康が江戸に留まっていることが、上杉氏の動きを封じていたことは確かであった。

　こうした中、八月二十四日に宇都宮城に駐屯していた秀忠が、真田《さなだ》昌幸《まさゆき》が籠もる上田城（長野県上田市）を制圧して上方へ向かうため、榊原康政《さかきばらやすまさ》ら徳川軍の主力約三万八〇〇〇の軍勢を率いて出陣する。上杉氏に備える白河口の防備を整えた上での出陣であり、宇都宮には家康の二男・結城《ゆうき》秀康が在番していたとはいえ、秀忠に続いて家康まで関東を離れてしまっては奥羽の情勢に影響を与えることは想像に難くない。

　ところが村越直吉が帰着し、清須に留まっていた豊臣系大名が美濃国へ進軍したことを報じた。西上作戦が動き出したことに対する安堵《あんど》感に加え、美濃国の中核である岐阜城の攻略は容易ではなく、しばらく戦局は膠着《こうちゃく》すると予想して、家康は奥羽の情勢を鑑みて西上を延期したと考えられる。

　しかし、福島正則らは八月二十三日に岐阜城を攻略してしまい、家康は二十七日にその報せに接している。すると、家康は正則らに「我ら父子（家康と秀忠）の到着を待つように」と伝え、西上を決意。九月一日、江戸城を出陣し、東海道を西上した。こうして、家康が関東を離れたことによって、上杉氏は南からの脅威がなくなり、北の最上氏と伊達氏に目を向けられるようになった。

上杉氏の関東侵攻計画

直江兼続は最上領へ侵攻するために九月三日、米沢城（山形県米沢市）に入った。同日付けで最上領侵攻にあたっての軍法も出されている（「上杉家文書」）。

この頃、伊達政宗との間に和睦の話が浮上しており、兼続は九月三日付で上杉家臣・本《ほん》庄繁長《じょうしげなが》に宛てた書状において、白石城を奪われたことは水に流して公儀のために政宗との和睦を調えてほしいと述べている（「本庄家文書」）。同書状には、上杉軍が徳川氏の領国である関東へ攻め入る際に伊達氏から三〇〇〇～五〇〇〇の軍勢を徴発する計画があったことや、最上義光も和睦を求めていたことが記されている。

関東への侵攻計画については、八月二十五日付で上杉景勝が二大老・四奉行へ宛てた書状に詳しく記されており、①今は最上氏と伊達氏が敵対行動をとっているため、これらの解決に当たっていること、②しかし、家康が西上した場合は、佐竹義宣と連携して関東に侵攻すること、③九月中には関東侵攻をおこなうことが述べられている。

関東侵攻計画は、八月の時点で既に存在していた。しかし、家康は関東に留まっており、北では最上氏と伊達氏が敵対行動をとっていたため、実行できるものではなかった。しかし、家康が江戸を離れてパワーバランスが崩壊したことで、背後を脅かす懼《おそ》れのある最上氏と伊達氏への対処に専念できるようになった。

上杉氏が最初の攻撃対象として選んだのは最上氏であり、兼続が本庄繁長に伊達政宗との和睦を調えるように求めたのには、政宗の動きを封じて最上氏を孤立させる狙いがあった。

一方、パワーバランスの崩壊によって危機感を覚えた最上義光と伊達政宗は、上杉氏に恭順する姿勢を示し始めた。九月四日付で兼続が上杉家臣・甘糟景継《あまかすかげつぐ》へ宛てた書状には、義光が和睦を懇望してきたため、最上領への侵攻を延期したとある。そして、二、三日で（和睦するか否か）はっきりさせるとしている（「米沢図書館所蔵文書」）。

しかし、この時期の伊達政宗の動向を見る限り、本気で上杉氏に恭順しようとしていたとは思えない（水野：二〇一八）。政宗のもとには、美濃国における東軍の快進撃の報せがもたらされており、家康が上方を平定するまで少しでも時間を稼ぎたいという内心から来た方便であろう。最上義光も同様であったと思われる。

上杉軍の猛攻

最上義光からの恭順の申し入れは、姿勢のみで実体が伴っていなかったのであろう。上杉氏は最上領侵攻を決定し、九月八日、侵攻を開始した。関東侵攻計画があったことを踏まえると、目的は最上領の征服ではなく、最上義光を降伏させて上杉氏に従わせることにあったと思われる。

上杉軍は、米沢方面と庄内（山形県酒田市・鶴岡市）方面から挟む形で最上領へ侵攻した。米沢方面の上杉軍は、兼続が率いる約二万の主力と、横田旨俊《むねとし》・本村親盛《ほむらちかもり》らの約四〇〇〇に分かれ、庄内方面からは志駄義秀《しだよしひで》・下秀久《しもひでひさ》（吉忠）ら約三〇〇〇が攻め込んだ。一方、最上軍は兵の分散を避けて、戦力を山形城、長谷堂城、上山城の三つに集中させる作戦をとった。

兼続が率いる主力は、九日に米沢城を出陣し、狐越《きつねごえ》街道を通って、上杉領と最上領の境界に位置する畑谷《はたや》城（山形県東村山郡山辺町）に迫った。

十二日、兼続率いる上杉軍は、畑谷城への攻撃を開始した。畑谷城には江口光清《えぐちあききよ》ら五〇〇の最上軍が籠もって奮戦したが、衆寡敵《しゅうかてき》せず翌十三日に落城した。

上杉軍の猛進撃をうけて、最上軍は簗沢《やなざわ》城（東村山郡山辺町）、八《や》ツ沼《ぬま》城（西村山郡朝日町）、鳥屋《とや》ヶ森《もり》城（西村山郡朝日町）、白岩《しらいわ》城（寒河江《さがえ》市白岩）、延沢《のべさわ》城（尾花沢市）、山野辺《やまのべ》城（東村山郡山辺町）、谷地《やち》城（西村山郡河北町）、若木《わかき》城（山形市若木）、長崎《ながさき》城（東村山郡中山

町)、寒河江城(寒河江市丸内)を放棄している。上杉軍は瞬く間に最上領を席巻したが、上山城攻めでは苦戦を強いられており、十七日に最上軍の里見民部《さとみみんぶ》の急襲を受けて本村親盛が戦死している。

伊達政宗の援軍

九月十五日、上杉軍が長谷堂城へ攻撃を開始している。兼続は長谷堂城から北方一キロメートルの菅沢山《すげさわやま》に布陣した。一方、長谷堂城には最上義光が派遣した援軍を含め四五〇〇の最上軍が籠もった。

上杉家臣・上泉泰綱《かみいずみやすつな》の九月十八日付の書状によると、長谷堂城の戦いが始まった十五日、山形から援軍として駆け付けた最上軍が上杉軍を急襲しており、上杉軍の水原親憲《すいばらちかのり》が最上軍を押し返したという(「小山田文書」)。

一方、最上家臣・鮭延秀綱《さけのべひでつな》の話をまとめた『鮭延越前守聞書』によると、鮭延秀綱は三千余の援軍を率いて、攻城する上杉軍の側面を突いて打撃を与え、城内の志村光安とともに追撃して兼続の本陣近くまで攻め込み、多くの上杉兵を討ち取ったという。

さらに二十二日になると、伊達政宗からの援軍として伊達(留守)政景《まさかげ》率いる伊達軍が小白川《こじらかわ》（山形市小白川町）に到着し、二十四日には、菅沢山から北に四キロメートルの沼木《ぬまぎ》（山形市沼木）に布陣した。

伊達軍が最上氏の援軍として駆け付けたのは、最上義光が政宗に援軍を求めたことによる。九月十五日、義光の嫡男・義康《よしやす》は、政宗のもとへ赴き、援軍を求めた。翌十六日、援軍派遣を決めた政宗は義光に宛てた書状で、上杉氏と南部氏に不穏な動きがあるため、政宗自身の出陣は延引するが、代わりに伊達政景を救援に向かわせると述べている（「伊達家文書」）。この時をもって、上杉氏と伊達氏の和睦は破られた。

政宗は、最上氏へ援軍を派遣した一方で上杉領へ攻撃を開始している。上杉軍主力が最上領に釘付けとなっている隙を突いて上杉領の切り取りに動いたのである。九月二十五日に伊達軍は湯原《ゆのはら》（宮城県刈田《かった》郡）を攻略した。

当初、政宗自身も二十九日に出陣する予定であったが、二十七日になると進攻を止めて出陣を延期している。表向きの理由は、最上領での戦況を見守るためとしているが、片倉《かたくら》景綱《かげつな》（小十郎）に宛てた書状では「今少し、上方の様態をも聞き届け」と述べている（『片倉代々記』）。九月十五日の決戦（関ヶ原合戦）は東軍の完勝となったが、勝敗の報せはいまだ届いておらず、上方の戦況を見極めようとしていたのである。政宗の行動は、かなり計算高い。

一方、長谷堂城の戦況は膠着《こうちゃく》状態となっていた。上泉泰綱は書状で「(長谷堂城には)兵が多く籠もっており、戦い方も手堅く見える」と述べている。

九月二十九日亥《い》の刻(午後十時頃)付で兼続は、景勝の側近・清野長範《きよのながのり》に宛てて、同日申《さる》の刻(午後四時頃)に最上軍の急襲を受けたが押し崩したと述べている(『上杉家御年譜《ごねんぷ》』)。

最上軍の完全勝利

九月三十日亥の刻(午後十時頃)、政宗のもとに家康から関ヶ原合戦の勝報がもたらされる。政宗はこれを伊達政景ら家臣や、最上義光に報じた。

一方、兼続ら上杉軍は翌日(十月一日)に突如撤退を開始する。通説では、関ヶ原合戦の結果が届いたためといわれているが、当時の史料からは(撤退時に)上杉氏が決戦の敗北を把握している様子は確認できず、詳細は不明である。

撤退する上杉軍を最上・伊達軍が追撃し、午《うま》の刻から酉《とり》の刻(正午頃から午後六時頃)にかけて約六時間の猛攻を加えた。『上杉家御年譜』には、殿《しんがり》の前田利益《としなす》(慶次郎)と水原親憲が奮戦して敵を食い止めた活躍が記されている。この日、兼続は畑谷城まで退いている。

こうして長谷堂城の戦いは終結した。

この追撃戦について、政宗は十月三日付で家臣・桑折《こおり》宗長《むねなが》に宛てて、伊達軍は八十余を討ち取る戦果を挙げたが、最上軍が弱かったため、全滅させることはできなかったと述べている（「伊達家文書」）。

なお、長谷堂城の戦いで上泉泰綱が戦死している。『鶏肋編《けいろくへん》（吉田藤右衛門覚書）』では九月二十九日、『関原軍記大成』や『会津陣物語』では九月二十四日の戦闘で戦死したとされているが、詳しいことは分からない。

上杉軍の撤退にあたって、谷地城に在番していた下秀久は、撤退命令が届かずに取り残されてしまう。谷地城を囲まれた秀久は、最上氏に降伏する。最上義光は、下秀久を先鋒として上杉領の庄内に出兵し、翌年四月に庄内全域を制圧した。

長谷堂城の戦いは、関ヶ原合戦の結果が届くまで城に籠もって応戦した最上軍の粘り勝ちと語られることが多い。しかし、史料からみると違ったイメージが浮かび上がる。

まず、上泉泰綱は書状で「兵が多く籠もっており、戦い方も手堅く見える」と述べているように、他の支城を放棄して長谷堂城と上山城に十分な兵力を入れた点が効いている。

そして、上杉側が書状で「押し返し」「押し崩し」と表現しているように、上杉軍の陣地が攻撃を受けて、なんとか持ち堪えるという場面が複数みられる。
上杉軍が長谷堂城から撤退した理由については不明であるが、関ヶ原合戦の敗報にかかわらず、既に上杉軍の最上領侵攻は手詰まりとなっていた。そして、最終的に最上氏に庄内を奪われる結果となった。「北の関ヶ原」は最上氏の完全勝利といえるだろう。

〔主要参考文献〕

飯村均・室野秀文編『東北の名城を歩く 南東北編』(吉川弘文館、二〇一七年)
高橋明「会津若松城主上杉景勝の戦い・坤――奥羽越における関ヶ原文戦の顚末」(『福大史学』八一号、二〇一〇年)
樋口隆晴「長谷堂城攻防戦」(『歴史群像』九七号、学習研究社、二〇〇九年)
福島県文化振興財団編『直江兼続と関ヶ原』(戎光祥出版、二〇一四年、初出は二〇一一年)
保角里志『戦国山形の合戦と城』(無明舎出版、二〇二二年)
松尾剛次『家康に天下を獲らせた男 最上義光』(柏書房、二〇一六年)
水野伍貴「関ヶ原の役と伊達政宗」(『十六世紀史論叢』一〇号、二〇一八年)
同『関ヶ原への道――豊臣秀吉死後の権力闘争』(東京堂出版、二〇二一年)
同「会津征討前夜――『直江状』の真贋をめぐって」(『研究論集 歴史と文化』一一号、二〇二三年)

第十三章　第二次上田城の戦い――秀忠を翻弄した真田昌幸の奇策

水野伍貴

籠城戦で徳川軍を打ち破る

上田城は、長野県上田市二の丸に所在した平城であり、「二度の徳川の攻撃を打ち破った」城として知られている。

天正十年（一五八二）六月二日の本能寺の変によって、旧武田領であった甲斐国（山梨県）・信濃国（長野県）・上野国《こうずけ》（群馬県）は、越後の上杉景勝《かげかつ》、相模の北条氏直《うじなお》、駿河の徳川家康の三者が草刈り場とする、天正壬午《てんしょうじんご》の乱と呼ばれる混乱状態となった。

信濃国の国衆《くにしゅう》であった真田《さなだ》昌幸《まさゆき》は、上杉氏、北条氏に服属した後、同年九月には実弟の加津野《かづの》昌春《まさはる》（真田信尹《のぶただ》）の説得に応じて徳川氏に従った。

そして、上杉方の虚空蔵山《こくぞうさん》城（長野県埴科《はにしな》郡坂城《さかき》町《まち》）に対峙するために、対上杉の最前

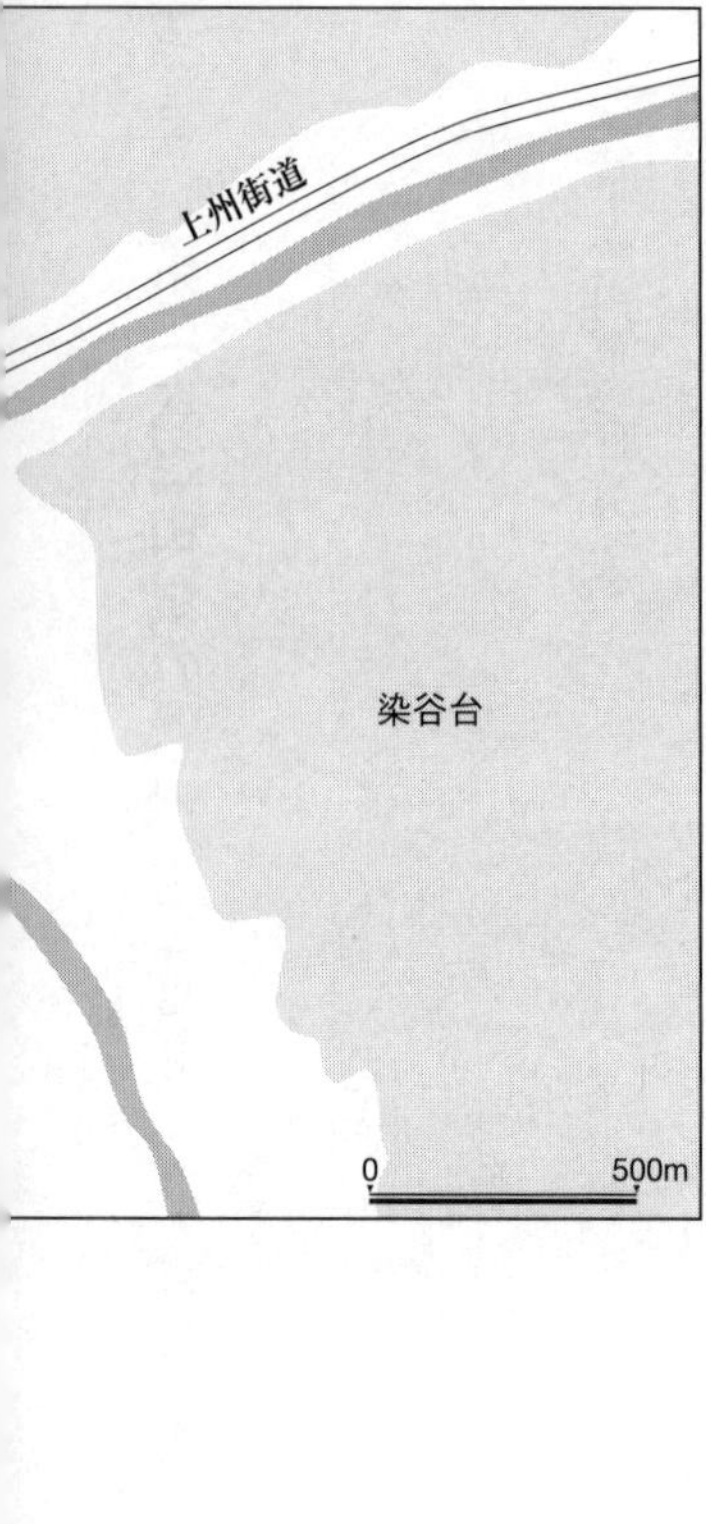

線基地として、徳川氏が天正十一年（一五八三）、昌幸の領内に築いたのが上田城である。
しかし、昌幸が武田家臣時代から領有していた上野国の吾妻《あがつま》（群馬県吾妻郡）・沼田（群馬県沼田市）をめぐる領土問題から、昌幸は再び上杉氏に接近するようになり、天正十三年（一五八五）八月、徳川軍が真田領へ向けて侵攻する。昌幸は上田城に籠もってこれを撃退、同年十一月に徳川軍は撤退した。第一次上田城の戦いである。
そして、天正十五年（一五八七）二月、昌幸は上洛して豊臣秀吉に謁見し、豊臣政権下

上田城付近
『元和年間上田城図』をもとに作成

の大名として認められ、豊臣大名となった。

上田城の本丸、二の丸、小泉曲輪《くるわ》から金箔瓦が出土していることから、昌幸が豊臣大名となって以降に上田城は大改修がおこなわれ、「織豊系《しょくほう》城郭」に生まれ変わったと考えられている。また、本丸の堀から金箔瓦（鯱《しゃち》瓦）が出土していることから、天守が存在した可能性が指摘されている。

しかし、昌幸時代の上田城は、第二次上田城の戦いの後に徳川氏によって悉《ことごと》く破却され、堀も埋められている。徳川方に付いた長男・信幸（信之）が上田領を引き継いだが、城の復興は叶わず、三の丸に居館を構えたのみであった。

しかし、寛永三年（一六二六）に、仙石忠政《せんごくただまさ》が上田城の再建工事をおこなったことで、上田城は再建された。現在みることができる縄張りや建造物は、仙石氏時代以降のものである。

現在、昌幸時代の縄張りは残されていないが、信之時代の城下を描いたとされる『元和《げんな》年間上田城図』に「古城本丸　畠也」「ウメホリ」といった形で記されているため、昌幸時代の様子を窺うことができる。上田城の縄張り（前頁）は、『元和年間上田城図』（上田市立博物館蔵）を参考にして、昌幸時代のものを推測している。

上田城は、北国脇往還《ほっこくわきおうかん》と上州街道が交差する要衝に位置しており、城の南には千曲川《ちくま》が流れている。本丸南側は、尼ヶ淵と呼ばれる断崖となっており、その下を千曲川の分流が流れている。

また、城の北方には千曲川の分流である矢出沢川《やでさわ》があり、東方には蛭沢川《ひるさわ》が流れ、城の惣構《そうがまえ》を構成している。堀にも水が引き込まれており、城は「水」によって幾重にも守られていた。

白河口の総大将・徳川秀忠

本章の主役は、後の二代将軍・徳川秀忠《ひでただ》である。慶長五年（一六〇〇）六月、豊臣政権で独裁的地位を築きつつあった徳川家康は、大坂城に諸将を集めて、会津《あいづ》（福島県会津若松市）の上杉景勝に謀叛《むほん》の疑いありとして、出兵の号令をかけた。

秀忠は、七月十九日に江戸城から出陣し、同月二十四日に会津征討の本営である宇都宮城（栃木県宇都宮市）に入った。

ところが、上方《かみがた》で石田三成らが挙兵したため、家康は会津征討に従軍している諸将を小《お》山《やま》（栃木県小山市）に召集して対応を協議し、上方への対処を優先することが決められた。

こうして、会津への侵攻は延期となり、会津征討のために下野国《しもつけ》（栃木県）に集結していた諸将は上方へ西上し、家康も八月五日に江戸城に帰還した。

一方、秀忠は、上杉氏の押さえとして宇都宮城に留まっていた。江戸幕府の正史『徳川実紀《じっき》』は、（会津征討において）秀忠は下野国から会津へ攻め入る白河口の総大将であったとする。これを当時の史料から裏付けることはできないが、最上義光《もがみよしあき》が米沢口の総大将に定められ、南部利直《なんぶとしなお》や、仙北《せんぼく》（秋田県仙北市）、由利《ゆり》（秋田県南西部）の諸将を付けられたことを踏まえると、秀忠が白河口の総大将として下野国に集結した諸将を指揮し、家康が全体を統率するという構図は、理論的に成り立つ。少なくとも、家康が下野国を離れて江戸城へ帰還した後、白河口の総大将として上杉氏の押さえとなっていたのは秀忠であった。

生粋の戦国武将・真田昌幸

会津征討に従軍していた真田昌幸は、現・栃木県佐野市域で突如、離反して上田城に帰還した。当時、真田昌幸は三万八〇〇〇石の領地を治めていた。また、長男の信幸《のぶゆき》は豊臣政権から沼田を与えられ、二万七〇〇〇石の大名として独立している。昌幸と二男・信繁《のぶしげ》（幸村）は三成ら西軍に味方したが、信幸は徳川方に留まっている。

昌幸が西軍に与同した理由については、一般的に真田家を存続させるために父子で東西に分かれたと説明されている。しかし、史料を読み解くと、昌幸の決断が尋常ではないことが分かる。

昌幸から与同する旨を受けた三成は返書を書いている（「真田家文書」）。それによると、昌幸の書状は七月二十一日付で出されており、二十七日に三成の領地である佐和山（滋賀県彦根市）に到着したという。

少なくとも昌幸は二十一日の段階で三成に与同する決断をしていたことになるが、日数から考えて西軍が発した檄文《げきぶん》と「内府《だいふ》ちかひの条々」は（二十一日の時点では）昌幸のもとに届いていない。つまり、昌幸は三成に毛利輝元《てるもと》ら二大老・三奉行が味方していることを正確には把握しておらず、噂として流れてきた三成と大谷吉継《おおたによしつぐ》による反乱というレベルの認識で西軍に付くことを決めたことになる。

しかも、三成は書状の中で、挙兵の計画を事前に伝えていなかったことを昌幸に詫びている。詫びの文面が長く具体的であることから、昌幸は計画を伝えられていなかったことに対して不満を露《あらわ》にしたのであろう。この争乱に対する昌幸の意気込みが伝わってくる。

昌幸は、争乱に巻き込まれて御家存続の危機に直面してしまったとは思っておらず、むしろ、この争乱を領土拡張の好機ととらえていたのであろう。三成が豊臣政権と昌幸を繋《つな》ぐ奏者《そうしゃ》であったことから、論功行賞で有利な条件が期待できると昌幸は考えたと思われる。実際に昌幸は、西軍首脳部に甲斐国・信濃国（深志《ふかし》・川中島・諏訪・小諸《こもろ》）の切り取り次第（征服した土地の領有権の獲得）を約束させている。

昌幸の領地は、徳川領国の上野国に隣接している。また、西軍の勢力は美濃《みの》国（岐阜県南部）を東の限界点とし、信濃国は東軍に味方する諸大名が大半を占めている。こうした状況を顧みずに、千載一遇の好機を逃すまいと昌幸は西軍に与同する決断をした。生粋の戦国武将といえよう。

当時、秀忠は二十二歳。『徳川実紀』には、豊臣秀吉が北条氏を攻めた小田原の役の際、秀吉に呼ばれて秀吉の陣へ赴いたとあるが、実質的にはこの争乱（関ヶ原の役）が初陣であった。初陣の秀忠の前に、生粋の戦国武将・真田昌幸が立ちはだかったのである。

交渉の窓口となった本多家

白河口の防備を整えた秀忠は、上田城を制圧して上洛するために、八月二十四日、宇都宮城を出陣する。榊原康政《さかきばらやすまさ》、大久保忠隣《ただちか》、酒井家次、本多康重、牧野康成、酒井重忠、小《お》笠原《がさわら》信之《のぶゆき》、本多正信ら、万石超えの大身家臣が多く編成された徳川軍主力を率いての出陣である。

これに川中島（長野市松代町）の森忠政《もりただまさ》、小諸（長野県小諸市）の仙石秀久《ひでひさ》、松本（長野県松本市）の石川三長《みつなが》、諏訪（長野県諏訪市）の日根野《ひねの》吉明《よしあき》ら信濃国の大名が従った。

本来は、本多忠勝も秀忠の隊に属していた。しかし、東海道を進んで、豊臣系大名の監督や、諸大名との交渉に当たる予定であった井伊《いい》直政《なおまさ》が出発の直前に病にかかってしまったため、忠勝が東海道を進むこととなった。そして、嫡男・忠政が忠勝に代わって秀忠の隊に属することとなったのである。

しかし、東海道を進む家康が三万二七三〇騎、秀忠が三万八〇七〇騎といわれているので、忠勝（本多家）が抜けることで兵力に大きな支障をきたすとは思えない。本多家が戦力を分散させてまで秀忠の隊に忠政を残したのには、戦略上の理由があるだろう。

筆者は、秀忠の隊に忠政を残した背景には、対真田交渉があったと考える。昌幸の長男・信幸は、忠勝の娘（小松殿）を妻としていた。忠勝は、真田家臣・湯本《ゆもと》三郎《さぶろう》右衛門尉《えもんのじょう》（三郎左衛門）に宛てて、信幸の子供たちが忠勝のもとに無事到着した旨を報じており（「熊谷家文書」）、忠勝と信幸の関係は、形式的な縁戚ではなく、実質的な交流があったことが分かる。また、秀吉が健在であった頃、忠勝が信幸を介して、（真田氏の奏者である）石田三成と交流していたことも確認できる（「真田家文書」）。徳川氏は、忠政を秀忠の隊に残すことで、徳川秀忠―本多忠政―真田信幸―真田昌幸の交渉ルートを足がかりとして上田城を迅速に開城させようとしたのではないだろうか。

後世の編纂史料であるが、『真田家御事蹟稿《ごじせきこう》』によると、昌幸が会津征討から離反した際、信幸は昌幸の離反を忠勝へ通報し、それを忠勝が井伊直政へ取り成したという。そして、上田城の攻撃前には、信幸とともに忠政も降伏勧告にあたったと記されている。

また、『真田家武功口上之覚《さなだけぶこうこうじょうのおぼえ》』には、関ヶ原合戦の後、信幸が、昌幸と信繁の助命嘆願のために忠勝と井伊直政を頼り、直政の取り計らいによって助命された旨が記されている。

このように、真田氏が徳川氏と交渉を行う際、窓口となったのは本多家であった。秀忠の隊に忠政を残した理由は、上田城を迅速に開城させるための対真田交渉にあったといえる。つまり、上田城に侵攻するに当たっての徳川氏の方針は、力攻めではなく、交渉によって上田城を迅速に開城させることにあった。関ヶ原の役という大局でみれば、三万八〇〇〇石の大名である昌幸の所で徳川の主力が釘付けになるのは得策ではなく、昌幸を赦免してでも迅速に西上するのがよいことは明らかである。

偽りの降伏

八月二十四日に宇都宮を出陣した秀忠は、同月二十八日に松井田《まついだ》（群馬県安中市《あんなかし》）に到着した。そして、九月一日に軽井沢（長野県北佐久郡）を経て、二日に小諸城に入城した。

小諸城に入った秀忠は、信幸と本多忠政に対して昌幸に降伏勧告を行うように命じ、両者と昌幸は国分寺（長野県上田市）で会談した。秀忠の家臣・遠山九郎兵衛と、信幸の家臣・坂巻夕庵が交渉に当たったともいわれている。

交渉の結果は、九月四日付で秀忠が森忠政に宛てた書状に記されている（「森家先代実録」）。それによると、昌幸は信幸を通じて頭を剃って降伏すると嘆願して来たため、昨日（三日）秀忠が助命を了承する旨を通達したが、今日（四日）になって昌幸が文句を言ってきたので赦免は取り止めて、攻め入ることにしたという。

赦免が受け入れられたにもかかわらず、急に態度を一変させているところから、軍記に描かれているとおり、昌幸は偽りの降伏をしたとみていいだろう。徳川氏は上田を迅速に平定するために、交渉の手筈《てはず》を整え、昌幸を赦免する意向で臨んでいたが、昌幸はこれを逆手にとって時間稼ぎに利用したのである。

昌幸の巧みな戦略

九月五日、秀忠は小諸城を出立して上田城の東方にある染谷台《そめやだい》に布陣した。そして、城に籠もる真田軍を城外に誘き出すため、翌六日に刈田《かりた》を行った。

物見に出ていた真田兵と、刈田をおこなっていた徳川兵が小競り合いとなると、酒井家次らは真田兵を蹴散らして、大手門まで攻め込んだが、多くの犠牲を出した。これを見た秀忠は使者を派遣して「大将の下知《げち》なくして城を攻めるな」と叱責し、兵を引かせている。真田軍を城外に誘引する作戦であったが、逆に城まで深追いして犠牲を出す結果となった。

なお、秀忠の旗本である朝倉宣正《のぶまさ》、辻久吉《ひさよし》、小野忠明（神子上典膳《みこがみてんぜん》）、中山照守《てるもり》、戸田光正、斎藤信吉《のぶよし》、鎮目《しずめ》惟明《これあき》ら七人が、真田兵の追撃で活躍したといわれ、後世に「上田《うえだ》七本《しちほん》槍《やり》」と称されるが、この後、軍規違反を咎められて謹慎となっている。

九月七日になると、秀忠の意識に変化が生じている。この日、秀忠は井伊直政と本多忠勝へ宛てた書状で「真田表の仕置を命じて、近日、上方へ進みます」と述べており（「江戸東京博物館所蔵文書」）、西上を意識していたことが分かる。

七日の段階で家康から急ぎ西上するよう催促が来た形跡はないが、美濃国では、諸将が赤坂（岐阜県大垣市）に集結しているとの情報を秀忠は得ているので、決戦が近いことは理解していた。

翌八日には、森忠政に宛てた書状で「急ぎ上洛するようにと、家康から命令が来た」と述べている（「森家先代実録」）。秀忠の意識は、完全に西上に切り替わったといえる。九日、秀忠は小諸城へ軍を引いた。そして、諸将に十一日に西上を開始する旨を告げている。

これをもって第二次上田城の戦いは終結した。名高い戦いではあるが、真田軍の戦術に目を向けると、城近くまで深追いしてきた敵を撃退するというシンプルなものであった。前述のごとく、昌幸の周囲は東軍の勢力であり、援軍の見込みはない。そして、徳川軍と真田軍だけでも圧倒的な戦力差がある上に、信濃国の大名まで加わっている。まず、勝ち目はないだろう。

しかし、この戦いは上田城の局地戦だけではなく、家康ら東軍と、三成ら西軍による「大戦」である。つまり、昌幸が上田城に籠城している間に三成が家康に勝利すれば、昌幸は勝者になれるのである。秀忠の軍を破る必要はなく、拘束するだけでも十分に貢献となった。

第二次上田城の戦いに参戦していた大久保忠教《ただたか》（彦左衛門）は、『三河物語』に「佐渡（本多正信）が真田に騙されて、得意げな顔で数日を（無駄に）送った」と記している。昌幸がこの戦いで用いた最も巧みな戦略は、徳川氏の降伏勧告を逆手にとって時間稼ぎに利用した点である。

秀忠の遅参

九月十三日、秀忠は木曽路に入った。十九日、秀忠はようやく赤坂に到着するが、既に決戦は終わっていた。

九月二十三日、家康と秀忠は大津（滋賀県大津市）で対面する。この時、家康の機嫌は悪かったが、家康の侍医・板坂卜斎《いたさかぼくさい》（如春）の覚書によると、家康が不機嫌なのは「今回は勝ったが、万が一、負けた時に備えて弔い合戦をすべく軍勢を揃えて上って来るべきであるのに、道を急いで軍勢をまばらにして上って来るとは（何事か）」という理由であり、遅参については述べられていない。

とはいえ、秀忠が決戦に間に合わなかったことは、戦後の国割《くにわり》（領国再編成）に大きく影響した。関ケ原合戦の当日、備《そなえ》を構成して前線で戦える重臣は、松平忠吉《まつだいらただよし》、井伊直政、本多忠勝しかいなかった。その兵力の割合は、東軍の前線部隊の約五分の一であり、そのほかは福島正則ら豊臣系大名によるものであった。そのため、彼らに対する政治的配慮から、西国に豊臣系の国持《くにもち》大名が多く創出された。そして、これは徳川政権の成立以降も続く課題となるのである。

〔主要参考文献〕

中澤克昭・河西克造編『甲信越の名城を歩く 長野編』(吉川弘文館、二〇一七年)
水野伍貴「関ヶ原の役と真田昌幸」(『研究論集 歴史と文化』三号、二〇一八年)
同「関ヶ原の役と本多忠勝」(『研究論集 歴史と文化』六号、二〇二〇年)
同『関ヶ原への道——豊臣秀吉死後の権力闘争』(東京堂出版、二〇二一年)
同「豊臣政権下における真田昌幸——豊臣・徳川間における巧みな交渉術」(渡邊大門編『秀吉襲来』東京堂出版、二〇二一年)
山本博文『徳川秀忠』(吉川弘文館、二〇二〇年)
和根崎剛編『信濃上田城』(戎光祥出版、二〇一九年)

第十四章　真田丸をめぐる攻防――大坂冬の陣における真田丸の意義

草刈貴裕

真田信繁の入城

真田丸の攻防は、大坂冬の陣における戦闘の中でも特に知名度の高い戦いであり、真田信繁《のぶしげ》が指揮を執り、徳川方に大きな損害を与えて撃退したことが広く知られている。

しかし、このように知名度の高い真田丸の攻防であるが、攻防が行われた真田丸の構築者や構造などについて、近年になっても多くの見解が示されており、通説《つうせつ》が定まっていない状況であるといえる。本章では、真田丸の攻防や真田丸自体について、これまでの研究を整理しつつ、真田丸の攻防が大坂冬の陣という戦争全体においてどのような意味のある戦いであったのかについても述べていきたい。

さて大坂冬の陣は、徳川家と豊臣家が対立したことによって発生した戦争であるが、その対立は、慶長十九年（一六一四）八月の方広寺鐘銘《ほうこうじしょうめい》事件をきっかけに始まり、対徳川外交を担っていた片桐且元《かたぎりかつもと》を追放したことで決定的になり、十月一日に徳川家康は諸大名に出陣を命じた。

そのような徳川家の動きに対して豊臣家は、諸大名や牢人たちに勧誘を行った。諸大名からの味方はなかったが、多くの牢人たちが大坂城に入った。信繁は、関ヶ原合戦で父真田昌幸《まさゆき》と共に西軍に味方したため、高野山に追放となり、その山麓《さんろく》の九度山《くどやま》（和歌山県九度山町）に居住していた。信繁には、豊臣秀頼《ひでより》から支度金《したくきん》として黄金二〇〇枚・銀三〇貫《かん》が与えられ、入城後には五〇〇〇人の兵を預けることと、五〇万石の恩賞が約束され、信繁はこれに応じた。

誘いに応じた信繁は、十月九日の夜に出立した。九度山へと付き従っていた家臣に加えて、正妻ら家族も同行したとされている。翌十日に大和五條二見《やまとごじょうふたみ》城主の松倉重政《まつくらしげまさ》に船で追われたが、信繁は入城に成功した。

この信繁入城は、高野山から徳川家にもすぐに知らされた。高野山からの使者は、十月十三日に三河国池鯉鮒《ちりう》（愛知県知立市《ちりゅう》）で家康側近の僧である金地院崇伝《こんちいんすうでん》と会い、崇伝は同じく家康側近である本多正純《まさずみ》に自身の書状と高野山からの書状を送っている。翌日には、先陣《せんじん》を務めていた藤堂高虎《とうどうたかとら》（伊勢国津藩）にも入城を知らせている。また、信繁の兄で真田家当主の真田信幸《のぶゆき》（上野国《こうずけ》沼田藩）は、十月二十四日までには入城を知っている。真田家では、信繁入城を知った家臣五〇人ほどが出奔《しゅっぽん》している。

入城後の信繁は、毛利勝永《かつなが》・長宗我部《ちょうそかべ》盛親《もりちか》・明石掃部《あかしかもん》（全登《てるずみ》）・後藤基次《もとつぐ》（又兵衛）とともに五人衆とされた。元大名の毛利・長宗我部らと同様の高い地位を得ていた。

真田丸は誰が構築したのか

大坂城に入った信繁は、真田丸と呼ばれる出丸《でまる》（本城から張り出して築いた小城）を守ったことが知られている。この真田丸は、信繁が大坂城の弱点を見抜き築いたとされている。

しかし、近年では真田丸の構築者は信繁ではないとの見解が示されている。それによれば、大坂城惣構《そうがまえ》（城下町を含めた城の外周を掘・石垣・土塁で囲んだ防御設備）の防衛を強化するという方針があり、大坂方の計画に沿って構築されていったという。また、これには後藤基次が大きく関わっており、当初は後藤基次が守る予定であったとされる。

後藤基次の関わりについては、史料によって異なる。一つは、当初後藤基次が任される予定だったが、大坂方の作戦変更によって遊軍《ゆうぐん》となったため、信繁が引き継いだというも

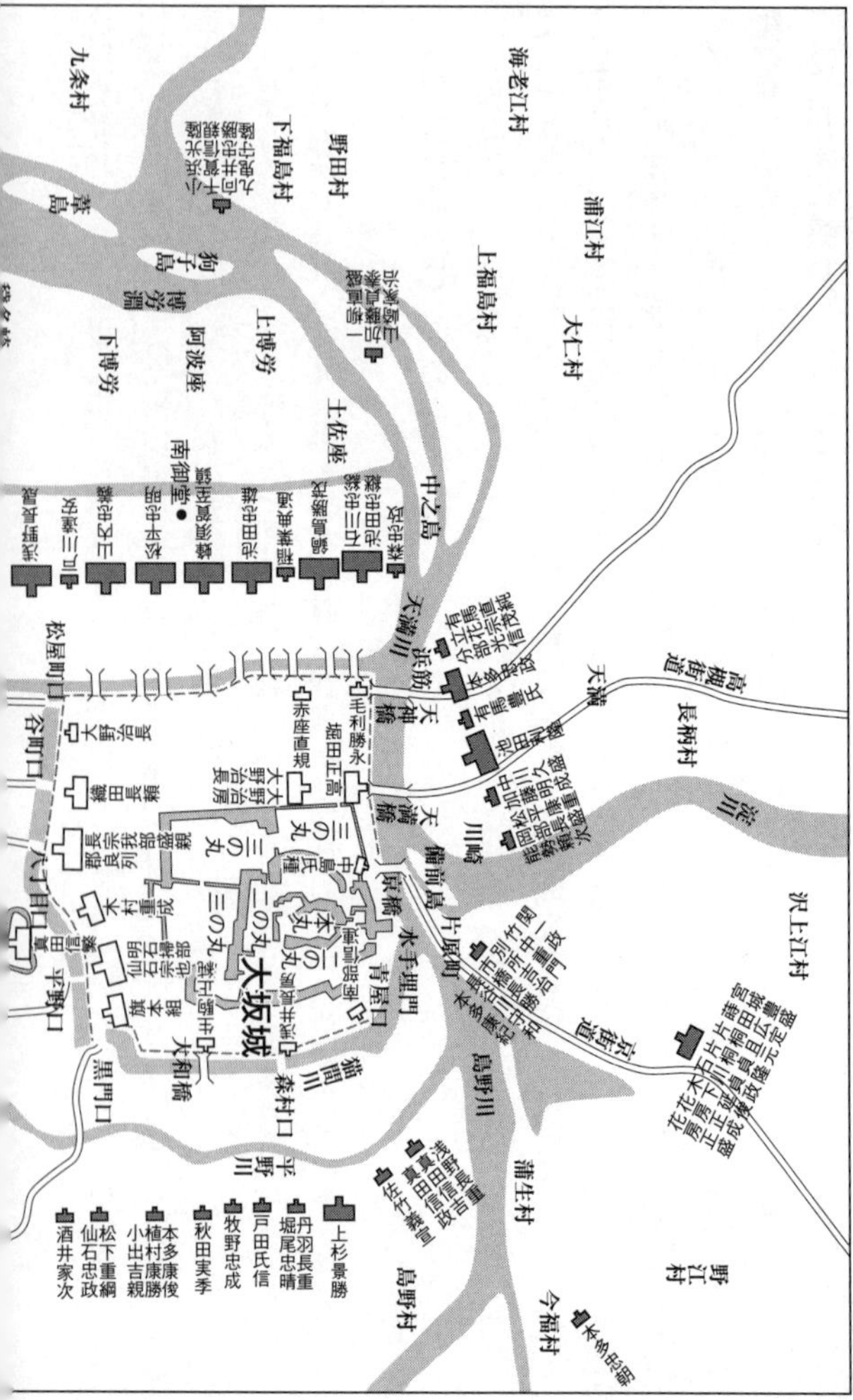

海老江村
浦江村
大仁村
上福島村
野田村
下福島村
九条村
葭島
狗子島
博労淵
上博労
阿波座
下博労
土佐座
南御堂
中之島
天満川
浜筋
天神橋
天満橋
天満
長柄村
高槻街道
淀川
川崎
備前島
京橋
片原町
沢上江村
京街道
鳥野川
蒲生村
野江村
今福村
鳥野村
松屋町口
谷町口
八丁目口
平野口
黒門口
大和橋
森村口
猫間川
平野川
青屋口
大坂城
本丸
二の丸
三の丸
中島氏種
毛利勝永
堀田正高
赤座直規
大野治長
大野治房
上杉景勝
丹羽長重
堀尾忠晴
戸田氏信
秋田実季
牧野忠成
本多康俊
植村康勝
小出吉親
松下重綱
仙石忠政
酒井家次

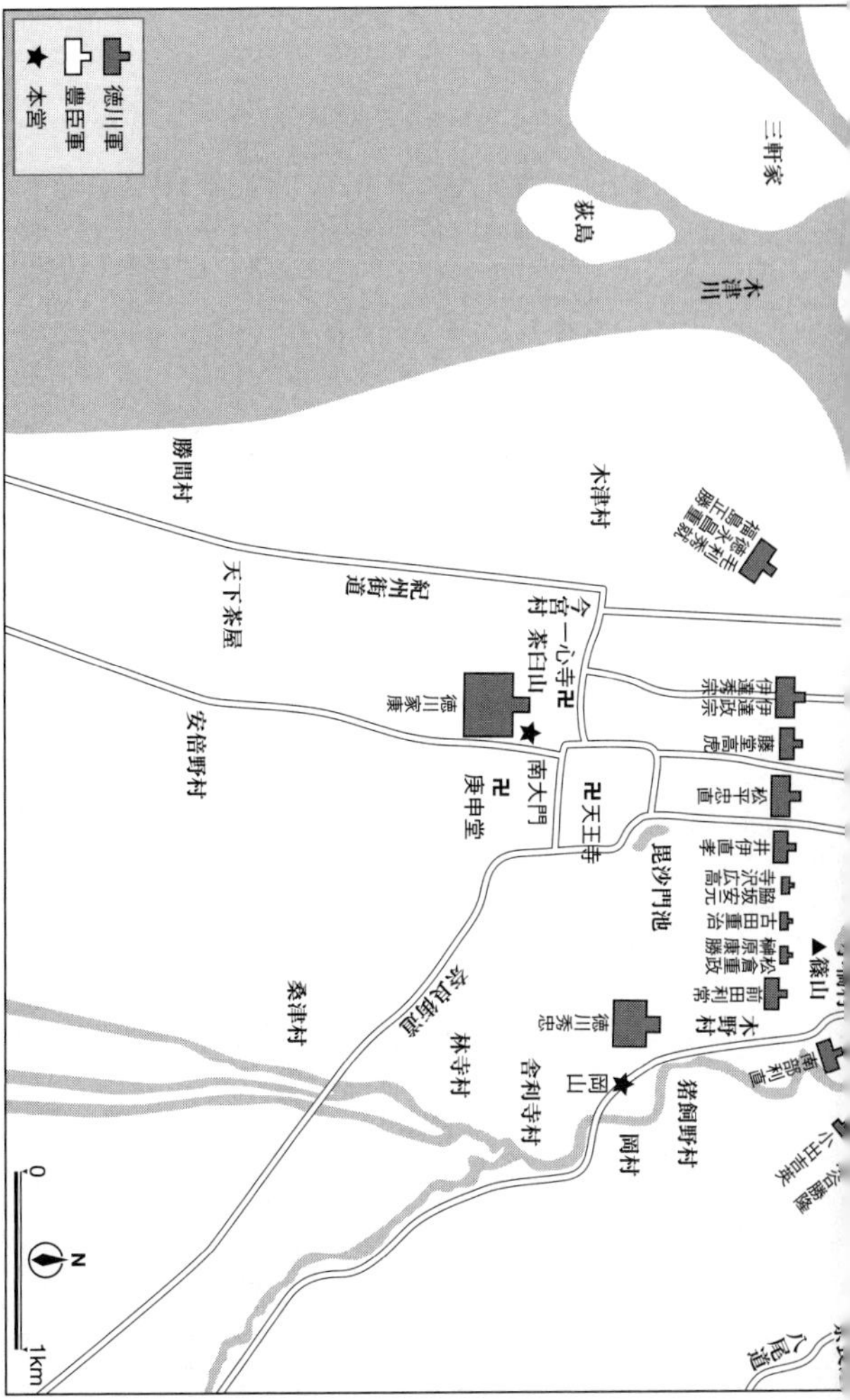

大坂冬の陣両軍配置図
笠谷和比彦『関ヶ原合戦と大坂の陣』をもとに作成

のである（『大坂御陣覚書《おおさかごじんおぼえがき》』）。もう一つは、後藤基次が出丸を築こうとしていたところに、信繁が勝手に縄張り《なわば》（城の設計）を直し、独力で築いてしまったというものである（『落穂《おちほ》集《しゅう》』）。

この真田丸の構築者が、信繁かという問題を考える上で重要なのが、真田丸の完成時期である。真田丸は、『落穂集』によると十一月十五日に完成したと記されている。『落穂集』の記述を全面的に信頼することはできないが、少なくとも真田丸の完成時期は十一月中とされている。このように考えると信繁が造ったには期間が短すぎるため、真田丸の構築計画は大坂方がもともと持っていたと考えられている。また真田丸以外にも惣構に砦や柵が構築されており、真田丸もその一環と考えられている。

絵図「摂津真田丸」で読み解く所在地

ここからは真田丸の所在地について見ていきたい。大坂城は、大阪平野の南北に延びる上町《うえまち》台地に築かれている。東には平野川と湿地帯、西には木津川《きづがわ》と湿地帯そして大阪湾、北には大和川《やまとがわ》と天満川《てんまがわ》といった自然の要害《ようがい》に囲まれていた。しかし、南（天王寺方面）にはそのような地形がなく、空堀がめぐらされていただけであった。この南側が大坂城の弱点であり、豊臣秀吉も晩年ここに惣構を築いた。そして真田丸もこの弱点を補うために惣構の南側に築かれたとされている。

真田丸の具体的な所在地については、三光神社《さんこうじんじゃ》付近で、そこには「真田の抜け穴」と呼ばれる抜け穴があり、信繁が大坂城との連絡に用《もち》いたと伝えられているが、これは否定されている。では、真田丸の所在地はどこなのだろうか。真田丸の所在地に関する研究は、軍記物の記述や絵図を基に検討が行われている。このような中で近年注目されているのが、浅野文庫『諸国古城之図《しょこくこじょうのず》』所収「摂津《せっつ》真田丸」である。この絵図を用いて複数の見解が示されている。

まず、坂井尚登《ひさと》氏の検討があげられる。坂井氏は、これまでの絵図利用の問題点として、絵図の作成者による誇張など歪みがあると指摘し、地形図と空中写真を用いて、それに絵図と同一地点と考えられる場所を設定し、分析を行った。

その検討によれば、真田丸は旧字名《きゅうあざな》「真田山」の現「明星学院《みょうじょう》」付近であり、真田丸は北に出丸状の小曲輪《しょうぐるわ》（曲輪《くるわ》とは城や砦の周りを土塁や石垣、堀などで仕切った区画のこと）が付属した複郭《ふくかく》構造で、全体としては正方形に近い五角形の平面形を有し、南北は小曲輪を含めて二〇七メートル余、東西は二〇八メートルほどの規模であったと指摘した。北側の惣構との間は最狭部でも一〇〇メートルの幅があり、独立性の高い出丸であったが、最狭部は惣構から火縄銃による火制《かせい》が可能な距離で、完全に孤立しない絶妙な距離であるとしている（坂井：二〇一四）。

次に千田嘉博《せんだよしひろ》氏は、真田丸の場所は、明星学園から心眼寺《しんがんじ》にかけての一帯であったと指摘する。真田丸の持つ役割については、次のような見解を示した。千田氏は、「摂津真田丸」を見ると真田丸自体の内部が二つに分かれているとしている。そのうち北側の「二十間程」（一間は約一・八メートル）と書かれた小さなブロックについて、真田丸本体から独立した小さな曲輪と見なすべきと論じた。ここから真田丸は、本体と北側の小曲輪によって構成される二重構造であったとしている。

この小曲輪は、真田丸と小曲輪のさらに北にある惣構を結ぶ道を防御するため、敵が惣構に侵入し、北側から真田丸を脅《おびや》かしたり、側面から攻めてきたりするという「非常事態」の際にここから迎撃するためのものであるという。さらに、この小曲輪と真田丸本体との間は堀で仕切られており、小曲輪が落ちても真田丸本体には最小限の影響で済むようになっていたとしている。そして真田丸は、あらゆる攻撃から単体で生き残れるように設計されており、一個の独立した城を惣構の外側に築いたというイメージで捉えるべきと指摘する。独立した城であるため敵が攻め寄せる南側だけでなく、北側に対する防御も必要となると述べる。

また、大坂冬の陣当時の上町台地の地形復元図を見ると、大坂城の弱点をカバーするならば、上町台地の中央、すなわち大坂城の南西側か南方中央に築くべきで、真田丸があったとされる場所よりももっと西側に築かなければならないとしている。にもかかわらず信繁が真田丸を築いたのは、本来敵が攻めてこない場所に築くことで敵を引き寄せることが目的であったとしている。大坂方も真田丸がそのような場所で、守りの要ではないので「新参者」の信繁に任せたといえる。このように真田丸は、「守り」ではなく、積極的に敵を迎撃する「攻め」の姿勢であったと結論づけた（千田：二〇一五）。

続いて平山優《ゆう》氏の見解を見ていきたい。平山氏は、真田丸の本体は明星学園敷地がほぼそれに相当すると思われ、真田丸は真田山と宰相山の台地を裾野《すその》とし、そこに柵列で囲繞《いにょう》（回りをとり囲むこと）された区画を作り出すことで、敵の侵入路を狭めつつ、限定させ、真田丸本体で迎え撃つように工夫したのではないかという。また真田丸南側の水堀は、東西の台地をちょうど分断し、それぞれから敵が左右に回り込まぬように台地の縁《へり》を切っている状況も見られるとしている。

このように、真田丸は、真田山と宰相山の台地を外郭とし、真田丸本体は丸馬出《まるうまだし》、そして惣構と平野口に接続する部分に「摂津真田丸」などの真田丸絵図にあるような小曲輪が存在した、いわば三重構造になっていたと想定できるのではないだろうかと指摘している。そして真田丸本体の規模は、南北は小曲輪の北側から真田山の南端台地縁までの約二二〇メートル前後、東西は約一四〇メートルという、おおよそ通説通りの規模で、現在の明星学園のほぼ敷地いっぱいの大きさではなかったろうかと述べる（平山：二〇一五年）。

真田丸の所在地については、明星学園付近と比定されている。その一方で構造については、いまだ定まっておらず、近年でも様々な見解が示され、議論が続いている状況である。今後も検討が続けられ、いずれ明らかにされるだろう。そして、それらの成果から大坂方や信繁の戦略についてもうかがい知ることができるのではないだろうか。

濃霧の中、攻撃を開始する

真田丸に対する徳川方の備えとして、前田利常《としつね》（加賀藩）・松平忠直《まつだいらただなお》（越前藩）・井伊直孝《いいなおたか》（上野《こうずけ》国白井藩、兄の彦根藩主井伊直勝《なおかつ》に代わって出陣）などがいた。

徳川方も真田丸を警戒し、用心深く対応した。家康は、十二月二日に大坂城の様子を見回った。その後、前田利常に対して軽々しく城攻めをしないこと、仕寄《しよ》せ（城攻めのための拠点を築くこと）をしてから城攻めを行うことを指示した。そのため前田利常は、竹束（竹で楯《たて》を作り弓や鉄砲からの攻撃を防ぐための物）を並べて塹壕《ざんごう》や土塁を作る工事を進めた。しかし、信繁は真田丸の南側にある篠山《ささやま》に兵を送り、そこから工事中の前田勢に向かって鉄砲での攻撃を加えて、前田勢の工事を妨害した。

十二月四日明け方になると、前田家家老で先手《さきて》を務めていた本多政重《まさしげ》（本多正純《まさずみ》弟）らが、真田勢が攻撃を行っていた篠山に対して攻撃を仕掛けた。その結果、前田勢は篠山を獲得した。しかし、真田勢はすでに引き揚げており、そこに真田勢の姿はなかったという。篠山を制した前田勢は、そのまま真田丸への攻撃へと移っていった。また前田勢以外にも松平忠直・井伊直孝・藤堂高虎などの軍勢も真田丸へと迫っていった。

この時、前田勢は小姓たちが戦功に焦り、前田利常の許可がないまま攻撃に乗り出した。それにつられて馬廻衆《うままわりしゅう》（主将の馬の周りを警護する親衛隊）も前田利常の許可を得ずに攻撃を開始した。こうして前田勢は、真田丸に殺到し、大損害を出す原因となった。こうした者たちは戦後に処罰され、切腹を命じられた。前田勢のような状況は、井伊勢と松平勢でも起こっていた。井伊勢と松平勢は、互いに場を譲らず前進し続けた。こうした結果、真田丸に達し、下知《げち》がないまま攻撃を開始した。

また、前田勢が篠山を攻めた十二月四日明け方は濃霧であったと伝えられている。そのため前田勢以外にも藤堂・井伊・松平各軍勢の攻め手は連携が取れなかったという記録も残っている。濃霧の中で攻め寄せた軍勢は、真田丸の防備状況を理解しないまま近づいた。

このように徳川方による真田丸への攻撃は、十二月四日早朝の篠山攻めから始まった。その後、各軍勢が功を焦り、我先にと攻め込んだ。それにつられて後方の軍勢も続々と攻め寄せ、大名ら軍勢指揮官の命令も届かない状態となってしまった。また徳川方の軍勢は、濃霧のため真田丸の状況を十分に理解せずに攻め寄せ、空堀に侵入するなどした。しかし、濃霧はやがて晴れ、真田丸を守る信繁らも徳川方の攻勢を発見し、徳川方への攻撃を開始した。

真田丸の戦闘状況

徳川方による真田丸への攻撃を知った信繁らはどのように戦ったのだろうか。まず真田丸の防衛態勢について見ていきたい。信繁が指揮した軍勢は、六〇〇〇人であったとされている。信繁の軍勢は、ほとんどが秀頼から預けられた軍勢であった。

真田丸の守りに入った人物としては、秀頼黄母衣衆《きほろしゅう》（母衣とは軍隊で、背にかける大形の布帛《ふはく》。流れ矢を防ぎ、存在明示の標識にもした。黄母衣衆は黄色の母衣を着けた）の伊木七郎《いきしちろう》右衛門《えもん》、他に北川次郎兵衛・山川帯刀《たてわき》などが知られている。伊木七郎右衛門は、秀頼から御目付衆《おめつけしゅう》（軍監《ぐんかん》）として付けられていた。北川次郎兵衛・山川帯刀は、真田丸の背後に押さえとして一万の軍勢を率いて配置されていたともされている。

この他には、長宗我部盛親の軍勢も真田丸に入っていたのではないかとも伝わっている。長宗我部勢は、惣構で井伊勢と交戦したことが確認できる。その井伊勢は真田丸でも戦っている。このため長宗我部勢は、一部が真田丸に入り、その他はその背後の平野口惣構西側を守っていたのではないかと考えられている。

戦闘状況であるが、攻め寄せた徳川方は、真田丸の堀底に侵入しており、真田丸から鉄砲が撃ちかけられた。この攻撃によって徳川方は大きな損害を出した。井伊勢は、堀底にいる味方を援護しようとしたが、真田丸からの銃撃が激しく近寄ることができず、撃たれるのを見ているしかなかったという。

前田勢も続々と真田丸の空堀に突入していった。前田勢は突入以外にも真田丸への銃撃を行ったが、真田丸からの反撃や惣構から援護があり、前田勢にも多くの損害が出た。こうして前田勢は、先手の奥村摂津守が崩れたのをはじめ、続々と諸勢も敗れていった。

こうした攻防が続いている中、大坂方の石川康勝《やすかつ》が守る櫓で失火《しっか》があった。石川康勝は、真田丸に配属されていたという史料（『落穂集』）もあり、この失火が真田丸付近であった可能性も考えられる。この失火の原因は石川勢の者が火縄を誤って二斗（一斗は約一八リットル）入りの弾薬箱に落としてしまうという事故であった。この火事で石川康勝自身も負傷し、退却することとなった。

徳川方はこの火災を、大坂城に籠城し徳川方に内通していた南条元忠《なんじょうもとただ》が起こしたものであると勘違いし攻め込んだ。しかし、南条元忠の内通はすでに大坂方に露見しており、家臣ともどもすでに成敗されていた。内通であると油断していた徳川方に対し、大坂方は鉄砲による攻撃を浴びせ、大きな損害を与えた。

この戦いの状況を見た信繁は、嫡男《ちゃくなん》真田大助と援軍の伊木七郎右衛門に五〇〇人の兵を率いさせ、徳川方に一撃を与えて引き揚げさせた。

撤退を命じた家康

真田丸の攻防は、昼過ぎまで続き徳川方は損害を増加させた。こうした状況は、家康にも伝わり、激怒した家康は撤退を命じた。しかし、真田丸からの攻撃で身動きが取れず後退時に背後から撃たれることを恐れたことや、面子《めんつ》に関わるという理由から撤退はなかなか進まなかった。そのため徳川方の撤退命令は三度にわたったとされている。午後三時頃になって井伊勢が撤退を始めたことから、松平勢も続いた。大坂方も弾薬の消費量を考慮して攻撃を控えたため戦闘は終結した。

その夜、家康は前田・井伊・松平などの重臣を呼び事情聴取している。松平家の本多富正・本多成重が自分たちの不手際であること、若者が逸《はや》ったことが原因であると詫びた。家康は不機嫌であったが罪には問わなかった。

徳川方の被害は、松平勢は四八〇騎、前田勢は三〇〇騎の死者を出したとされ、これらの被害以外にも雑兵の戦死者は数知れないと伝えられている。井伊勢は名のある者で討死が三五人、負傷者が九一人いたとされる。

また、この徳川方の敗北は、京都・奈良などにも伝わっている。これらの記録にも徳川方に大きな被害が出たと書かれていることから、早い段階から多くの人々に徳川方の敗北が伝わっていたといえる。

失敗に終わった勧誘

真田丸の攻防での信繁の活躍を徳川家も評価し、信繁への勧誘を行った。十二月十四日に本多正純は、弟の本多政重に信繁を寝返らせるように指示している。この時、本多政重と共に起用されたのが、信繁の叔父（真田昌幸弟）である真田信伊《のぶただ》である。真田信伊は、徳川家に旗本として仕えていた。本多正純は、信繁の処遇については自分が保証すると書状で約束し、工作を始めた。しかし、真田信伊は信繁と夜に遠くから話すことしかできなかったという。

本多正純が信繁に提示した条件は、一〇万石を与えるというものであった。これに対し信繁は、自分は秀頼から受けた恩があるので、講和後なら一〇〇〇石でも仕えると返事をしたとされている。この回答を受けた本多正純は、さらに条件を上乗せし、信濃一国を与えると伝えた。これを聞いた信繁は怒り受け入れなかった。

徳川家としては、自軍を苦しめた信繁を寝返らせることで、少しでも徳川方に有利な状況を作り出そうと考えたが、信繁としては牢人だった自身に活躍の場を与えてくれた秀頼に感謝しており、寝返ることはなかった。ただ講和し、徳川家と豊臣家の関係が改善された時ならば仕えたいというのは、牢人していた信繁の本心であったと考えられている。

また、徳川家の提示した一〇万石や信濃一国という条件は非現実的である。特に信濃一国というのは、多くの大名の転封を伴うものであり、信繁も応じたところで守られるかどうか疑い、徳川家を信用できないと判断したと考えられる。こうして徳川家による信繁への勧誘は失敗に終わった。

豊臣家はなぜ講和に応じたのか

真田丸での敗北後も包囲は継続された。しかし、真田丸の攻防のような大規模な戦闘は行われず、徳川方からは大筒《おおづつ》などによる砲撃が行われ、城内へ揺さぶりをかける作戦が行われた。こうした状況の中、大坂冬の陣は、徳川家と豊臣家が講和したことで終結した。

講和交渉は、十一月十七日に家康と秀忠が大坂に着陣した直後から始められていた。家康は、織田有楽《うらく》（信長の弟）の息子を大坂城に派遣している。これは、講和への下準備であると指摘されている。また家康は、十一月三十日に福島忠勝《ただかつ》（安芸《あき》国広島藩福島正則《まさのり》の息子）を通じて豊臣家に講和受け入れを説得させており、徳川家が積極的に講和を働きかけていたことがわかる。

徳川家からの働きかけに対して豊臣家は、どう対応したのだろうか。十二月三日に織田有楽と大野治長《はるなが》が使者を送っている。この時織田有楽は、現在の大坂城内で意見を述べることは難しいと伝えている。この時点の豊臣家は、講和に反対であり、その中心にいたのが牢人たちであった。その後も徳川家と豊臣家の交渉は継続された。十二月八日には、織田有楽と大野治長が徳川家に豊臣家が求める条件を提示している。

このように豊臣家では、十二月三日時点で織田有楽と大野治長といった首脳陣《しゅのうじん》が講和に傾いている。

十二月三日は、真田丸の攻防の前日であり、豊臣家の首脳陣は真田丸の攻防の以前から講和に傾いていた。そして、真田丸の攻防で勝利した後も豊臣家は講和交渉を続けている。

豊臣家が講和に応じた理由は、諸大名が味方にならなかったこと、真田丸の攻防以外では劣勢に立たされていたことが考えられる。豊臣家は、徳川家との対立が決定的になると島津家・伊達家・池田家などに味方するように書状を送っている。しかし、豊臣家の要請に応じる大名はいなかった。豊臣家は、大名の味方を前提とする戦争計画であったと考えられ、その目論見《もくろみ》は外れてしまった。また、大坂冬の陣の戦況は、大坂城西側の砦をめぐる一連の戦いや鴫野《しぎの》・今福《いまふく》の戦いでは豊臣勢が一矢報《いっしむく》いる場面もあったが、最終的には徳川方に敗れていた。特に大坂城西側をめぐる戦いの結果、豊臣家は補給路を断たれ継戦《けいせん》能力が奪われることとなった。

徳川家が開戦直後から講和を望んでいたこと、豊臣家が真田丸の攻防後も講和交渉を続けていることから、真田丸の攻防は豊臣家の勝利ではあったが局地的な勝利であり、徳川家の戦略が大きく揺らぐことはなく、豊臣家にとっても現状を大きく打破するまでには至らなかった。

しかし、信繁の真田丸での戦いや大坂夏の陣での戦いぶりは大きく評価され、戦後に「日本一《ひのもといち》の兵《つわもの》」（『薩藩旧記雑録《さっぱんきゅうきざつろく》』）と呼ばれ、その後も語り継がれていくこととなった。

〔参考文献〕

笠谷和比古『戦争の日本史17　関ヶ原合戦と大坂の陣』（吉川弘文館、二〇〇七年）
柏木輝久『天下一のかぶき者織田左門』（宮帯出版社、二〇二〇年）
黒田基樹『シリーズ実像に迫る001　真田信繁』（戎光祥出版、二〇一六年）
坂井尚登「大坂城真田丸――絵図・地形図・空中写真によって考察する位置と形状」（『城郭史研究』三十四号、二〇一四年）
千田嘉博『真田丸の謎　戦国時代を「城」で読み解く』（NHK出版、二〇一五年）

平山優『真田信繁　幸村と呼ばれた男の真実』（角川選書、二〇一五年）
丸島和洋『真田信繁の書状を読む』（星海社新書、二〇一六年）
同『真田四代と信繁』（平凡社新書、二〇一五年）
渡邊大門『真田幸村と真田丸の真実　徳川家康が恐れた名将』（光文社新書、二〇一五年）

第十五章　大坂夏の陣と大坂城落城——天守炎上、そして豊臣家滅亡

渡邊大門

失われた防御機能

天正十年（一五八二）六月に勃発した本能寺の変後、大坂という経済上・地理上の位置に着目した豊臣秀吉は、大坂本願寺の跡地に築城を決意した。そして、翌天正十一年（一五八三）から約二年の歳月をかけて、中枢部をほぼ完成させたのである。その間、三十数カ国から数万の人夫が動員され、大工事が行われた。

大坂城は上町《うえまち》台地に築かれ、周囲は淀川が流れるなど天然の要害となっていた。それだけではない。地理的には京都、堺にも近く、面前には大阪湾が広がっていた。つまり、交易するには至便の地にあり、立地条件はこの上ないものだった。大坂城には本丸、二の丸、三の丸が築かれ、本丸には五重八階の天守が建てられた。のちに惣構《そうがまえ》が整備され、難攻不

落の天下統一の覇者にふさわしい城となった。

大坂城築城の意図や工事の様子については、『十六・七世紀イエズス会日本報告集』に「(秀吉は)己が地位をさらに高め、名を不滅なものとし、格においてもその他何事につけても信長に勝ろうと諸国を治め、領主としての権勢を振うに意を決し、その傲慢さをいっそう誇示するため、堺から三里の、都への途上にある大坂と称する所に新しい宮殿と城、ならびに都市を建て、建築の規模と壮麗さにおいて信長が安土山に築いたものを大いに凌《しの》ぐものにしようとした」と記されている。

同書では続けて、秀吉の大坂城築城の意図を「己の名と記憶を残す」ところにあったと指摘する。信長亡き後、秀吉は畏敬されるとともに、一度決めたことは成し遂げる人物であると評されていた。この工事では何万もの人夫が動員されたが、それを拒否することは死を意味したとまで記されている。

さらに同書には、城郭が大小の鉄の扉を備えていること、多くの財宝を蓄え、武器・弾薬や食糧の倉庫を備え付けていることなどを記している。さらに、城には美しい庭園や茶室が設けられ、室内は絵画で彩られていたという。一言で言うならば、贅が尽くされたということになろう。

大坂城は難攻不落の城として知られていたが、慶長十九年（一六一四）の大坂冬の陣後の和睦により、堀などが埋め立てられ、惣構も破壊された。これにより大坂城の防御機能が失われたままで、大坂夏の陣を迎えたのである。

大坂夏の陣はじまる

徳川家と豊臣家は和睦を結んだものの、豊臣家には徹底抗戦派と和睦派とのわだかまりが残っていた。和睦の条件の一つとして、牢人が大坂城から退去する条項があったが、最終的に履行されなかった。それどころか、逆に各地の牢人が大坂城に集まったので、徳川家がこれを問題視したのは当然のことだった。

大坂夏の陣が起こるとの風聞は各地に流れており、徳川方と豊臣方との戦争の噂が京都中を飛び交うと（『中院通村日記』など）、大坂城周辺の状況も慌ただしくなった。徳川方による大坂城攻撃の噂が流れると、堺あたりでは騒動が勃発し、人々は家財や妻子を引き連れて他国へ逃亡するというありさまだったという（『浅野家旧記』）。

本多正純《まさずみ》は土佐の山内《やまうち》氏に対して、大坂へ渡海する船、商売船を乗り入れることを禁止した（「御手許文書」）。山内氏は年貢米を大坂近辺で換金しようとしたが、それすらできな

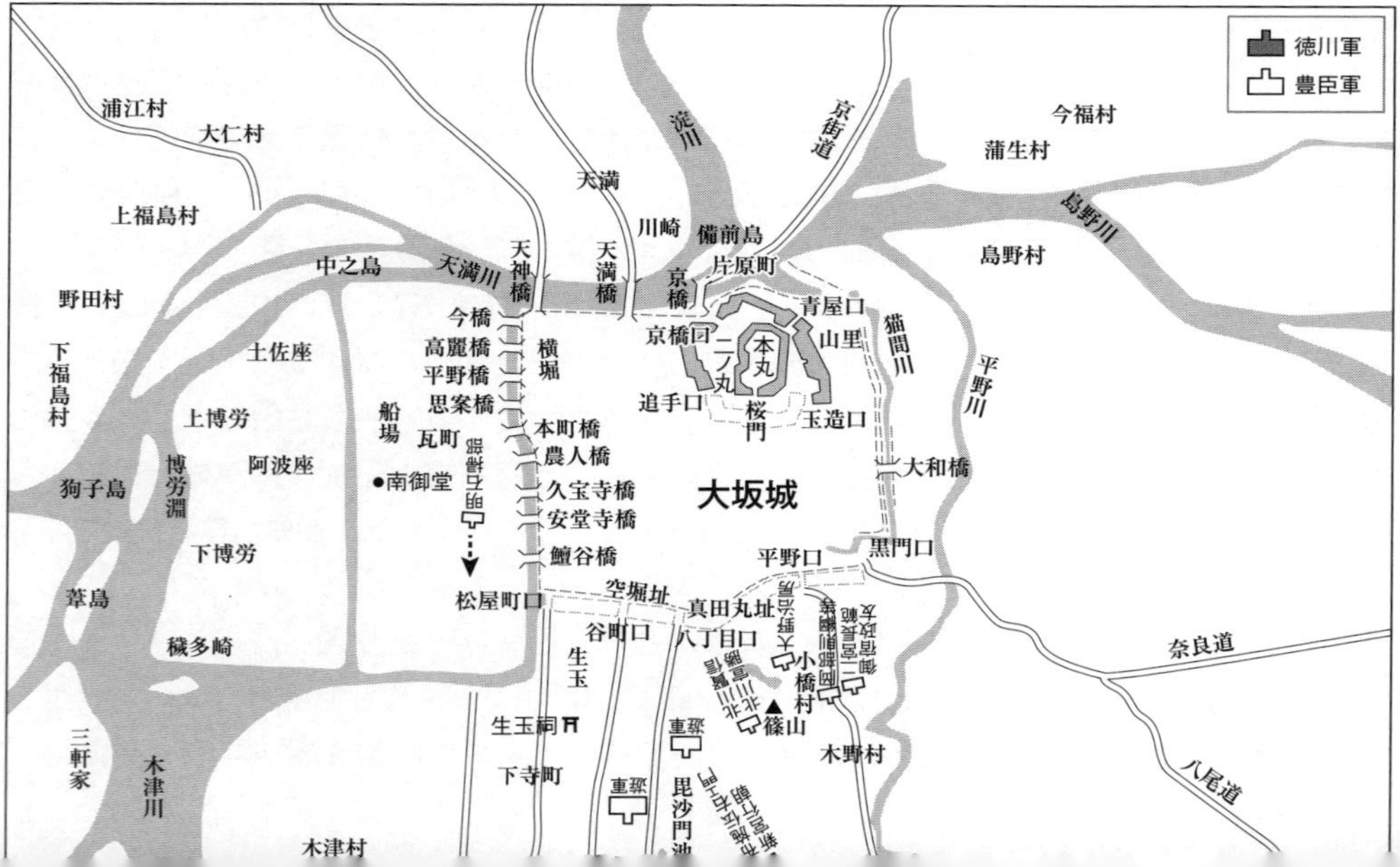
徳川軍
豊臣軍
浦江村
大仁村
上福島村
野田村
下福島村
狗子島
葦島
三軒家
木津川
木津村
中之島
天満川
土佐座
上博労
阿波座
博労淵
下博労
穢多崎
船場
瓦町
●南御堂
明石掃部
松屋町口
天神橋
今橋
高麗橋
平野橋
思案橋
本町橋
農人橋
久宝寺橋
安堂寺橋
鱣谷橋
横堀
天満
天満橋
川崎
京橋
備前島
片原町
淀川
京街道
京橋口
二ノ丸
本丸
追手口
桜門
青屋口
山里
玉造口
猫間川
平野川
大和橋
大坂城
平野口
黒門口
空堀址
真田丸址
谷町口
八丁目口
生玉
生玉祠
下寺町
毘沙門池
篠山
小橋村
木野村
奈良道
八尾道
今福村
蒲生村
島野村
島野川

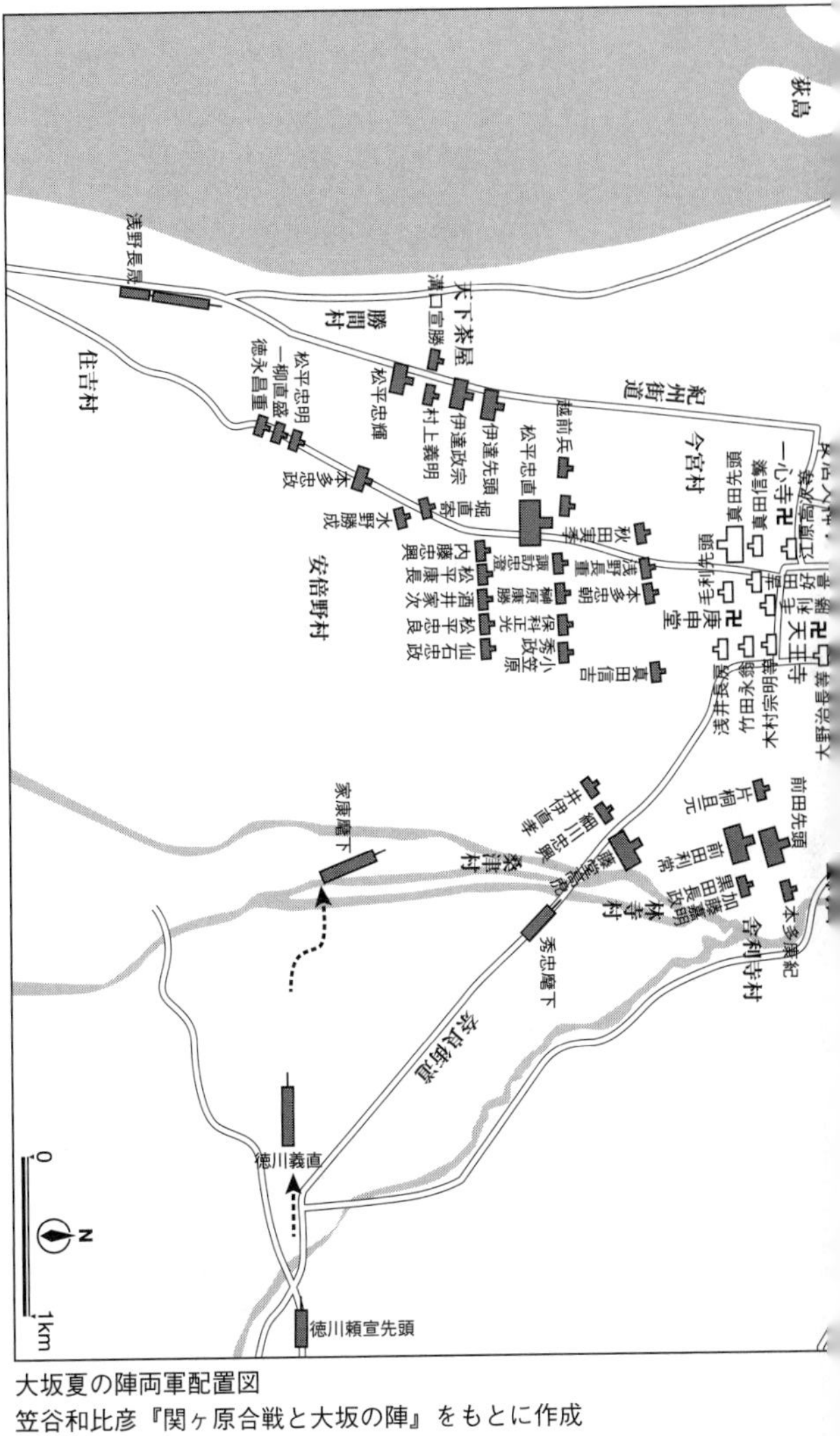

大坂夏の陣両軍配置図
笠谷和比彦『関ヶ原合戦と大坂の陣』をもとに作成

くなっていた。すでに大坂城での戦いが予定されていたので、無用な混乱を避けるためであろう。

四月四日、家康は九男で名古屋城主だった義直《よしなお》の婚儀を祝うという目的で、西上することになった。家康が上洛を志向していたのは明らかなので、豊臣家の討伐をすでに決心していたといえよう。六日になると、家康は伊勢、美濃《みの》、尾張、三河の諸大名に豊臣方の攻撃を命じると、翌七日にも、各地の大名に大坂城への出陣命令を発した。すでに、西国大名には兵庫、西宮、尼崎への出陣を命じていたので、ここで一気に大坂城を攻め落とそうという算段だった。いよいよ大坂夏の陣のはじまりである。

鍋島《なべしま》氏は徳川方から出陣を要請され、兵庫、西宮、尼崎へ陣を構えるよう伝えられていた。その際、米やそのほかのものでも、徳川方が費用の一部を負担する旨が書状に書かれていた。鍋島氏は財政に余裕がなく、懐事情が厳しかったと推測される。多くの軍勢を率いていたのだから、兵糧や武器などの合戦に伴う負担の大きさは想像に余りある。

財政事情が厳しいことは、吉川《きっかわ》家や毛利家も同じだった（「吉川家文書」）。吉川広家は両家ともに兵糧の負担が重くのしかかり、財政を担当する奉行衆が頭を抱えていると書状に記している。特に、毛利家は関ヶ原合戦の敗戦で約九〇万石も知行を減らされたが、家臣の数はほとんど変わらなかったので、財政事情は最悪だった。しかし、徳川方の出陣要請を決して断ることはできなかった。

四月一日付で、徳川方が武川衆《むかわ》に宛てた書状によると、大坂への出陣を促すとともに、軍役として一万石につき、二〇〇人の兵を率いるよう命じられている（『譜牒余録《ふちょうよろく》』）。兵卒以外にも、人夫として一万石につき三〇〇人の扶持を渡すとし、また路次中の扶持として銀子を与えると記されている。

満を持しての家康の出陣

家康は四月十五日に名古屋を出発すると、十八日には京都二条城に入城した。四月十日、秀忠《ひでただ》も大軍勢を引き連れ江戸を出発し、二十一日に伏見城に到着した。この間、京都、大坂の周辺はそれら軍勢で押し合いへし合いの状況になっていた。

これ以前の四月四日、秀忠は諸将に軍法を発していた（『秀忠公御制法』）。全文は十一カ条にわたるが、①喧嘩口論を固く禁止し、これに背く者があれば、理非を論ぜず双方とも処罰すること、②抜け駆けは功名であるかもしれないが、軍法に背くことになるので罪科に処すこと、③理由もないのに他の部隊に加わった場合は、武具・馬とも取り上げること、

④奉行人の指示に逆らってはならないこと、といった条文は、軍隊の規律・統率を図るうえで欠かすことができなかった。
四月二十二日、家康は二条城に到着すると、早速、軍議を開き作戦を練り上げることにした。列席したのは、秀忠のほか本多正信・正純父子、土井《どい》利勝《としかつ》、安藤重信、藤堂高虎《とうどうたかとら》といった重臣や諸大名の面々である。軍議で検討した結果、徳川方は全軍を①淀川左岸を南下し河内を経由して大坂城に向かうコース、②大和を経由して大坂城に向かうコースの二つに分けて、次の計画で大坂城に攻め込むことにした。

両軍は別ルートで進軍すると、大坂城から約一五キロメートル離れた道明寺（大阪府藤井寺市）付近で合流し、一気に大坂城を攻め落とすことにした。松平忠輝《まつだいらただてる》が率いる大和方面軍は約三万五〇〇〇、家康・秀忠が率いる河内方面軍は約一二万、計約一五万五〇〇〇という大軍勢だったといわれている。まさしく総力を結集したものだった。

一方の豊臣方は、大坂城の周囲の堀などは埋め尽くされており、かつての優れた防御機能は失われていた。集まった軍勢は、約五万といわれている。いかに牢人衆が集まったとはいえ、質量ともに徳川方には見劣りし、戦う前から敗色が濃厚だった。籠城する人々はさらに五万人近くいたというが、彼らは城内に避難した非戦闘員なので戦力にならなかった。豊臣方は籠城戦が不利なことを悟り、積極的に打って出る作戦を採用した。

一方の徳川方は、四月二十五日から早くも軍事行動を開始した。藤堂高虎は淀を進発し、その日のうちに枚方《ひらかた》（大阪府枚方市）に着陣した。井伊直孝《いいなおたか》らの諸将も、次々と大坂城を攻めるべく河内に出陣した。大坂夏の陣の結果は、最初から徳川方の圧倒的な勝利が予測されていた。加賀の前田家では、大坂城が三日のうちに落城すると予想していた（「前田家所蔵文書」）。土佐の山内家では、合戦が終わった後に到着すると遅参することになるので、大急ぎで出陣しなければならない、とまで述べている（『山内家記録』）。

連戦連敗の豊臣方

いざ両軍の戦いがはじまると、徳川軍が圧倒的に有利に戦いを進めた。四月二十九日の樫井《かしい》の戦い、五月六日の道明寺の戦い、八尾《やお》・若江の戦いで、豊臣軍は連戦連敗だった。その結果、木村重成《しげなり》、後藤基次ら主力の武将を失い、これ以上の形勢の挽回は困難になっていた。こうして大坂夏の陣は最終局面を迎えた。最後の戦いが、真田信繁《さなだのぶしげ》の出陣した五月七日の天王寺・岡山の戦いである。家康と秀忠は、満を持して大坂城南部に位置する天王寺・岡山に陣を置くと、最後の決戦に備えた。

五月七日付の大野治房《はるふさ》の書状によると、①敵が攻め込んできても、茶臼山《ちゃうすやま》・岡山より前に進まないこと（必ず負けるので）、②軍法をよく守り、抜け駆けをしないこと、③信繁、毛利勝永《かつなが》と申し合わせ、合戦を軽々にはじめないこと、といった指示がなされている。信繁と勝永という二人が信頼されていたのは、彼らの豊富な経験に期待していたからだと考えられる。治房が二人を厚く信頼していたのは確実で、この作戦・指示も三人で考えた可能性がある。

徳川方は本多忠朝《ただとも》に天王寺方面の先鋒を任せ、前田利常《としつね》に岡山方面の先鋒を命じた。忠朝に従ったのは、伊達政宗、松平忠直《ただなお》、榊原康勝《さかきばらやすかつ》、水野勝成《かつなり》、酒井家次、本多忠政、松平忠明、松平忠輝といった面々だった。利常に従ったのは、細川忠興《ただおき》、黒田長政、加藤嘉明《よしあき》、藤堂高虎、井伊直孝ら、外様大名を中心とした面々だった。

一方の豊臣方は、徳川方が攻めてくるであろう大坂城の南方面に戦力を集中し、主力となる真田信繁と子の大助の軍勢は、茶臼山に陣を置いた。信繁と子の大助が「赤備」の軍装で統一し、茶臼山に陣を置いたことは、『大坂御陣山口休庵咄』や『山本日記』にも記されている。

ほかの豊臣方の軍勢配置を確認しておこう。毛利勝永は、天王寺の南方面から攻めてくるであろう徳川方に備えた。大野治房は岡山口を守り、明石掃部《あかしかもん》（全登《てるずみ》）は別働隊として徳川本隊を攻めるべく茶臼山の信繁の陣営の近くに陣を構えた。そして、秀頼《ひでより》の直臣である七手組《しちてぐみ》は、友軍として大坂城と天王寺の間に在陣したのである。

信繁による四つの提案とは

このように両軍の軍勢配置が定まった中で、信繁は①秀頼に出陣を要請すること（味方の士気が上がる）、②東軍が天満《てんま》・船場《せんば》を攻めてこないと予測されるので、船場（実際は茶臼山の近く）の明石掃部を瓜生野《うりゅうの》に移動させること、③明石が合図の狼煙《のろし》を上げたら、信繁が家康の本陣に突撃すること、④家康本陣の旗本が出陣したら、その手薄な部分を明石が攻撃すること、という四つの作戦を提案した。

①は、ついに実現しなかった。信繁の言葉によると、真田の一族が徳川方にいるので、秀頼が信繁を信頼できなかったからだという。「主君が出陣すれば、味方の士気が上がる」というのはもっともなような気がするが、必要条件ではないだろう。そもそも豊臣方は大坂城を基点にして戦っており、秀頼を危険な目に遭わせるのは得策ではない。家康と秀忠も出陣したものの、あくまで後方に控えて全軍に指示を出していた。いずれにしても、

二次史料に書かれたことで信が置けない。

秀頼は、城内でじっと籠もっていたわけではない。秀頼は梨子地《なしじ》緋縅《ひおどし》の具足を身につけると、太平楽《たいへいらく》という黒馬とともに桜門に姿をあらわした。そして、城兵の士気を高めるため、秀吉相伝の切割《きりさき》（縁を切り裂いた幟）二〇本、玳瑁《たいまい》の千本槍に加えて、茜色の吹き流し一〇本を前面に押し出したという。しかし、裏切り者が城中に放火するという噂が流れたので、秀頼はただちに城内に引き返した。

②③④は乏しい戦力を有効に活用するため、明石の配置を変更し、徳川本陣に攻め込ませるものである。信繁は秀頼を守らせるため、子の大助を大坂城に入城させた。父とともに討死する覚悟であった大助は、泣く泣く承諾したという（『烈祖成績』）。信繁が大助を大坂城に入れたのは、秀頼を守るためだけではなかった。仮に信繁が戦死したとき、城を脱出して生き永らえることを期待してのことかもしれない。

信繁率いた軍勢は、真田与左衛門、御宿越前守《みしゅくえちぜんのかみ》、江原右近《うこん》、多田藤弥、大谷大学《おおたにだいがく》（吉継《よしつぐ》の子）、名島民部、長岡与五郎、槙嶋玄蕃《まきしまげんば》、藤掛土佐、本郷左近《さこん》、早川主馬助《しゅめのすけ》、福富平蔵、渡邊内蔵助《わたなべくらのすけ》、伊木七郎右衛門《いきしちろうえもん》という面々であった。信繁は総力戦で、徳川方に最後の戦いを挑んだのである。

家康本陣に突撃した信繁軍

五月七日の正午頃、ついに徳川方と豊臣方は激突した。天王寺方面では、両軍入り乱れての大混戦となった。「赤備」の信繁の軍勢約三〇〇〇は、家康の本陣をめがけて突入し、多くの戦死者を出した。信繁は果敢にも三度にわたって家康の本陣に突撃したので、徳川方の歴戦の強者でさえも逃げ出したという。家康に従っていたのは、本多政重《まさしげ》と金地院《こんちいん》崇伝《すうでん》だけだったといわれている（諸説あり）。この戦いが激烈を極めたのは、徳川方の将兵の奮闘ぶりを見れば明らかである。

松平忠直は八尾・若江の戦いで積極的に動かなかったので、家康の不興を蒙っていたといわれている。忠直は名誉を挽回すべく、約一万五〇〇〇の兵を率いて出陣した。いざ戦いがはじまると、忠直は軍令違反を犯してまでも、茶臼山に攻め込んできた敵兵を蹴散らし、三七五〇もの首を取ったという。

小笠原《おがさわら》秀政《ひでまさ》は子の忠脩《ただなが》、忠真《ただざね》とともに出陣したが、やはり八尾・若江の戦いで十分な戦功をあげることができず、家康から叱責されていた。そのような事情から、小笠原親子の戦いにかける意気込みは並々ならぬものがあった。結果、秀政は重傷を負ってその日のうちに亡くなり、忠脩は討死した。忠真は戦死こそ免れたが、七カ所もの深手を蒙ったといわれている。

本多忠朝は、大坂冬の陣の戦闘時に酒を飲んでいたため豊臣方に敗れたといわれている。持ち場の不満を述べたので、家康の不興を蒙っていた。忠朝も汚名を雪《すす》ぐため、命を懸けて毛利勝永の軍勢に突撃し、華々しく討死した。死の間際、忠朝は「酒のために身を誤る者を救おう」と遺言したといわれており、その死後は「酒封じの神」として崇められるようになった。

信繁の最期

その後の両軍の戦いを確認しよう。大野治房が秀忠の本陣を攻撃し、毛利勝永や明石掃部が奮闘したものの、劣勢を挽回することはできなかった。この間、両軍の戦闘はわずか三時間だったと伝わる。この時点で、豊臣方の敗北は決定した。信繁は繰り返し徳川軍に戦いを挑んだが、三度目の本陣突入の際に、非業の死を遂げた。信繁の最期の様子は後述することとし、戦闘の経過を確認しよう。

信繁と徳川方の戦いの模様は、井伊直孝に仕えた岡本半介が書状に書き留めている

（「大阪歴史博物館所蔵文書」）。最初、松平忠直が率いる軍勢と真田信繁の率いる軍勢が天王寺で交戦し、一時間ばかり揉みあいになっていた。両軍が戦闘を繰り広げている中で、井伊軍が攻め込んできたという。真田軍は城際まで退却し、態勢を整えて反撃を試みた。ところが、井伊軍と藤堂軍が押し返して、真田軍に勝利したという。膠着《こうちゃく》状態の中、疲労困憊《こんぱい》の信繁の軍勢にとって、井伊軍の乱入は致命的な打撃であった。

真田方は兵数で劣っていたものの、よく健闘したのは事実である。当時の記録を見ると、両軍が形勢的に拮抗していたことがわかり、逆に徳川方が押される場面もあったという（『綿考輯録《めんこうしゅうろく》』など）。当初は、五分五分の戦いを展開していたが、徳川方の軍勢が多かったので、辛うじて真田方に勝利することができたというのが実情らしい。最後は衆寡敵せず、真田軍は大軍の徳川軍に負けたのである。

信繁の最期は、「信繁が合戦場で討死した。これまでにない大手柄である。首は、松平忠直の鉄砲頭が取った。しかしながら、信繁は怪我をしてくたびれているところだったので、手柄にもならなかった」と記されている（『綿考輯録』）。

鉄砲頭が信繁の首を取ったのは、もちろん手柄だった。ところが、戦闘の末に取ったのではなく、怪我をした信繁が休んでいるところだったので、価値がなかったということである。信繁の首を取ったのは、松平氏配下の鉄砲頭である西尾久作で、信繁が従者らに薬を与えているところを討ったという（『慶長見聞集』）。信繁は疲労困憊したうえに、少し油断もしていたので、あっけなく討ち取られたのだろう。

ところが、『真武内伝』という史料には、信繁と久作が一騎打ちをしたと書かれている。戦いの終盤、信繁は残った兵を率いて、徳川方に突撃すると、深く攻め込んでいった。このとき久作は、信繁の乗っていた馬の尾をつかんで、引き止め、一騎打ちを呼び掛けたという。

ここで二人は、刀を抜いて一騎打ちになろうとした。ところが、すでに十数カ所の傷を負っていた信繁は、戦い続けた疲労もあり、力尽きて馬から転げ落ちた。そこをすかさず、久作が信繁の首を取ったというのである。信繁の首実検の際、家康はこの話を疑ったと伝わっている。信繁と久作が一騎打ちに及んだか否かは不明な点も多いものの、打ち続く戦いで疲れ切っていた信繁が久作に討ち取られたのは事実であろう。

信繁をはじめ、豊臣方の諸将の戦いぶりは、後世に伝わるほど高い評価を得た。島津氏が「真田日本一《ひのもといち》の兵《つわもの》」と称えているのは、最大の賛辞である（『薩藩旧記雑録《さっぱんきゅうきざつろく》』）。

大坂城の落城

豊臣方は頼みの綱の信繁が討死したので、敗北が決定的になった。ようやくこの段階に至って、秀頼は出陣しようとしたが、敗勢は濃く、もはや挽回できる状況にはなかった。やがて、大野治長ら将兵は、続々と大坂城に戻ってきた。そこで、秀頼は速水守久《はやみもりひさ》の助言に従い、不本意ながらも本丸へと逃れたのである。

午後四時頃、大坂城三の丸に火の手が上がった。台所頭は徳川方に通じていたので、厨房に放火したといわれている。火の手が広がるとともに、勢いあまる徳川方は一気に城内に攻め込んできた。炎は二の丸、大野治長の屋敷にまで広がった。豊臣方は、城外に脱出する者や城内で自害する者が続出した。豊臣家の重臣・大野治房、牢人の仙石秀範《せんごくひでのり》らも、たまらず城外へと脱出した。もはや反撃の術はなかった。

二の丸では、秀頼の軍旗や馬印を預かっていた将兵が、観念して次々と自害して果てた。女中の「おあちゃ」は、放置された馬印がそのままになっていると恥辱になると考え、ほかの女中と馬印を回収すると、敵の目に触れないように粉々に打ち砕いたと伝わっている（『おきく物語』）。もはや、本丸に火の手が移るのは時間の問題だった。

城内に残った大野治長《はるなが》は、最後の力を振り絞って、何とか千姫を脱出させようと試みた。徳川方に秀頼と淀殿の助命を請うべく、治長自身の命と引き換えにすることを申し出たという（『駿府記』）。しかし、千姫が大坂城から脱出することは成功したが、秀頼と淀殿の助命は叶うことがなかった。徳川方に保護された千姫は、のちに本多忠政の子・忠刻《ただとき》の妻となった。なお、秀頼と千姫の間に実子はいなかった。

千姫の救出で尽力したのは、坂崎直盛（宇喜多詮家《うきたあきいえ》）である。その際、直盛は千姫をもらい受ける条件になっていたという説がある。しかし、先に触れたとおり、千姫が再婚した相手は、本多忠刻だった。すっかり面目を潰された直盛は遺恨を抱き、元和《げんな》二年（一六一六）に千姫を奪還する計画を立てた。ところが、すでに計画は幕府に露見しており、直盛は捕縛されたうえ、自害に追い込まれたと伝わっている。

大坂城から退去した千姫は、夫の秀頼と義母の淀殿の助命を嘆願するため、家康と秀忠に書状を送ったといわれている。その内容は毛利秀元の書状に、「大御所様（家康）は、将軍様（秀忠）次第であるとご意見を述べられた。秀忠様のご意見では、一度だけのことではないので（一度目は冬の陣）、早々に（秀頼と淀殿は）腹を切らせたほうがよい、とのことであった」と記されている（『萩藩閥閲録遺漏《ばつえつろくいろう》』）。

家康は現職の将軍・秀忠に判断を委ねたが、豊臣家は大坂冬の陣で和睦を結んだにもかかわらず、再び叛旗を翻した。それゆえで、二度目はない（秀頼も淀殿も許さない）との意見だった。七日の夕方になると、大坂城の天守が炎上し、ついに落城の瞬間が近づいてきた。岡本半介（井伊家家臣）の書状によると、大坂城に火の手が上がったのは、午後四時頃だったという（「田中文書」）。京都の清涼殿からも、大坂城の火の手が上がる様子が見えたという（『土御門泰重卿記』）。

自害した秀頼と淀殿

翌八日、秀頼、淀殿は城中で自害した。大野治長、速水守久らの武将や女中らも、これに殉じたと伝える。果たして、この話は本当なのだろうか。彼らの最期の状況は、「五月八日、大坂城中の唐物倉に秀頼ならびに御袋（淀殿）、大野修理《しゅり》（治長）、速水甲斐守《かいのかみ》（守久）以下、付女中衆が数多く籠もり降参してきた。井伊掃部（直孝）、安藤対馬《つしま》（守重）が検使として詰め、倉へ鉄砲を撃ち掛け、皆殺しにし火を掛けた」と記されている（『本光国師日記』）。

この記述を見ると、秀頼らは追い詰められて唐物倉に籠もったが、降参が受け入れられず、結局は井伊直孝らの鉄砲の餌食になったという。自害したのではなく、鉄砲で射殺されたようである。では、ほかの記録類には、どのように書かれているのか。山科《やましな》言緒の日記『言緒卿記《ときおきょうき》』には、秀頼が矢倉の脇におり、淀殿の次に詫び言（助命嘆願の言葉）を申したという。ところが、徳川方の軍勢が押し寄せたので、そのまま切腹したと書かれている。

『春日社司《かすがしゃし》祐範記《すけのりき》』には、城内の千畳敷において秀頼・淀殿以下が自害すると、城に火がかけられ、名物の茶道具も焼けてしまったとある。城内の千畳敷で彼らが自害したということは、「薩藩旧記雑録後編」にも同じ記述がある。ちなみに、豊国《とよくに》神社（京都市東山区）の神龍院梵舜《しんりゅういんぼんしゅん》の日記『舜旧記《しゅんきゅうき》』にも秀頼・淀殿が自害したと書かれている。

ここまでの記録から考えると、真相としては大坂城の千畳敷で亡くなった可能性が高いといえよう。ただ、『本光国師日記』の記述は、切腹すら許されない、豊臣家の無残な姿をあえて強調したかったのかもしれない。いずれにしても情報は錯綜しており、戦場という特殊な状況下では、なかなか正確に伝わらなかった可能性がある。

そして、大坂城は紅蓮の炎に包まれて崩れ落ちた。『舜旧記』には、大坂城から煙が立ち上ったことを記録している。また、『言緒卿記』は、大坂の町・城が残らず焼けてしまったと記す。天守を覆った炎は、城下の町々までをも包み込んだのである。
秀頼の墓所は養源院（京都市東山区）などにあり、玉造稲荷神社《たまつくりいなり》（大阪市中央区）には秀頼の銅像が建立された。豊國神社《ほうこく》（大阪市中央区）は、父の秀吉や叔父の秀長《ひでなが》と共に、秀頼も祭神として祀っている。淀殿の墓は、養源院、太融寺《たいゆうじ》（大阪市北区）にある。

〔主要参考文献〕

岡本良一『大坂冬の陣夏の陣』（創元社、一九七二年）
笠谷和比古『戦争の日本史17　関ヶ原合戦と大坂の陣』（吉川弘文館、二〇〇七年）
曽根勇二『敗者の日本史13　大坂の陣と豊臣秀頼』（吉川弘文館、二〇一三年）
二木謙一『大坂の陣――証言・史上最大の攻防戦』（中公新書、一九八三年）
渡邊大門『大坂落城　戦国終焉の舞台』（角川学芸出版、二〇一二年）

おわりに

天下人の攻城戦については、本書の各論稿の示す通りで、より詳しく明らかになった。文献史学だけでなく、考古学や城郭研究の知見も生かされており、誠に興味深いものがあった。攻城戦を分析する際には、隣接分野の協力が不可欠である。

信長の時代は、まだ各地の大名のうち敵対する勢力が多かったので、いささか攻城戦に手間取った形跡が見られる。攻め落とすのに時間がかかったのは、各地で叛旗を翻す大名が次々とあらわれたからだろう。仮に、信長が志半ばのうちに本能寺の変で横死しなければ、また違った形での攻城戦が見られたかもしれない。

一方で、秀吉、家康の場合は大半の大名が従っており、敵対する大名が少なかったので、十分に戦いに専念できた。大量に将兵を動員し、十分に兵站《へいたん》を確保したうえで、城攻めを行った。まさしく、天下人の余裕の戦いだった。とはいえ、出陣を命じられた大名の負担は多大なものだったことを忘れてはならないだろう。

一方で、秀吉の場合でいえば忍城《おしじょう》の戦い、家康でいえば第二次上田城の戦いは、実質的な敗戦である。いかに大軍で攻めたとしても、敵の粘り強い抵抗により、落城に至らなかったこともあったのだ。こうした敗戦のメカニズムも、攻城戦研究を深めるうえで参考になる点が多い。

ここで取り上げた攻城戦は、あくまで代表的なものに限られているので、機会があれば別の攻城戦も取り上げたいと考えている。

ところで、戦国織豊期の戦争については、いまだに不明な点や課題が多いのも事実である。たとえば、軍役の実態については、北条氏などの一部の大名を除いては、不明な点が多い。そのほか、戦争の実態は軍記物語などの二次史料に拠らざるを得ない点が多いので、明らかな誇張が史実と認識されることも珍しくない。今後、そうした課題を克服すべく、研究が進むことを願いたい。

一方で、「首帳」「戦功書上」「奉公書」「覚書」といった史料は、少なからず残っているが、あまり利用されることがない。こちらも二次史料に分類されるものもあるので、活用をめぐっては今後の課題になろう。

なお、本書は一般書であることから、本文では読みやすさを重視して、学術論文のように逐一、すべての史料や研究文献を注記しているわけではない。執筆に際して多くの論文や著書に拠ったことについて、厚く感謝の意を表したい。また、各章の研究文献は膨大になるので、参照した中で主要なものに限っていることをお断りしておきたい。

最後に、大変お忙しい中、ご執筆いただいた各位には、改めて厚くお礼を申し上げる次第である。また、本書の編集に関しては、朝日新聞出版書籍編集部の長田匡司氏、山田智子氏のお世話になった。お二人には原稿を丁寧に読んでいただき、種々貴重なアドバイスをいただいた。ここに厚くお礼を申し上げる次第である。

二〇二三年七月

渡邊大門

執筆者一覧（50音順）

天野忠幸　あまの・ただゆき　**第三章**
一九七六年兵庫県生まれ。大阪市立大学大学院文学研究科後期博士課程修了。博士（文学）。天理大学文学部教授。著書に『松永久秀と下剋上』（平凡社）、『室町幕府分裂と畿内近国の胎動』（吉川弘文館）、『三好一族』（中公新書）など。

入江康太　いりえ・こうた　**第十一章**
一九七九年大分県生まれ。関西学院大学大学院文学研究科日本史学専攻博士課程前期課程修了。修士（歴史学）。現在、岐阜県歴史資料館学芸員。論文に「池田輝政室『岐阜様』について」（『郷土研究・岐阜』一三三号、二〇二〇年）、「慶長十六年における美濃国内豊臣家臣について」（『郷土研究・岐阜』一三七号、二〇二二年）など。

太田浩司　おおた・ひろし　**第一章**
一九六一年東京都生まれ。明治大学大学院文学研究科（史学専攻）博士前期（修士）課程修了。修士（文学）。淡海歴史文化研究所所長。著書に『浅井長政と姉川合戦』（サンライズ出版）、共著に『覇王　信長の海　琵琶湖』（洋泉社）など。

梯　弘人　かけはし・ひろと　**第九章**
一九八三年神奈川県生まれ。学習院大学大学院人文科学研究科博士前期課程修了。修士（史学）。現在、神奈川県立歴史博物館学芸員。論文に「小田原北条氏と本光寺の関係」（『神奈川県立博物館研究報告　人文科学』四八号、二〇二二年）など。

片山正彦　かたやま・まさひこ　**第二章・第五章**
一九七三年大阪府生まれ。佛教大学大学院文学研究科日本史学専攻博士後期課程修了、博士（文学）。現在、市立枚方宿鍵屋資料館学芸員、佛教大学・神戸常盤大学非常勤講師等。著書・論文に、『豊臣政権の東国政策と徳川氏』（思文閣出版）、「京街道の宿場町にのこる『船宿』」（京都学研究会編『京都を学ぶ【伏見編】』ナカニシヤ出版）など。

金松　誠　かねまつ・まこと　**第八章**
一九七七年宮崎県生まれ。奈良大学大学院文学研究科文化財史料学専攻博士前期課程修了。修士（文学）。三木市立みき歴史資料館係長。著書に『秀吉の播磨攻めと城郭』『松永久秀』『筒井順慶』（いずれも戎光祥出版）。

草刈貴裕　くさかり・たかひろ　**第十四章**

一九九六年千葉県生まれ。日本大学大学院文学研究科日本史専攻在学中（博士後期課程）。修士（文学）。論文・執筆協力に「方広寺大仏鐘銘事件をめぐる片桐且元と大蔵卿局の動向について」（『十六世紀史論叢』一五号、二〇二一年）、渡邊大門監修・かみゆ歴史編集部編『徳川家康の生涯と全合戦の謎99』（イースト新書Q）。

倉恒康一　くらつね・こういち　**第七章**

一九七九年鳥取県生まれ。広島大学大学院文学研究科博士前期課程修了。修士（文学）。島根県教育庁文化財課世界遺産室専門研究員。論文に「戦国期因幡武田氏の権力形成過程と家臣団構造」（『鳥取地域史研究』一三号、二〇一一年）、「国立国会図書館所蔵の石見小笠原氏関係史料について」（『十六世紀史論叢』一一号、二〇一九年）、「中世後期の隠岐国分寺」（『史学研究』三一一号、二〇二二年）、など。

秦野裕介　はたの・ゆうすけ　**第十章**

一九六六年京都府生まれ。立命館大学大学院文学研究科史学専攻日本史専修博士課程後期課程単位取得退学。修士（文学）。立命館大学授業担当講師。著書に『乱世の天皇』（東京堂出版）、『神風頼み』（柏書房）など。

水野伍貴　みずの・ともき　**第十二章・第十三章**

一九八三年愛知県生まれ。高崎経済大学大学院地域政策研究科博士後期課程単位取得退学。修士（地域政策学）。株式会社歴史と文化の研究所客員研究員。著書・論文に『関ヶ原への道』（東京堂出版）、「関ヶ原合戦に関する新説の検討」（『十六世紀史論叢』一八号、二〇二三年）など。

光成準治　みつなり・じゅんじ　**第八章**

一九六三年大阪府生まれ。九州大学大学院比較社会文化学府博士課程修了。博士（比較社会文化）。現在、県立広島大学非常勤講師、九州大学大学院特別研究者。著書に『本能寺前夜』（角川選書）、『天下人の誕生と戦国の終焉』（吉川弘文館）、『毛利氏の御家騒動』（平凡社）など。

渡邊大門（別掲）　**はじめに・第四章・第十五章・おわりに**

渡邊大門 わたなべ・だいもん
1967年神奈川県生まれ。関西学院大学文学部史学科日本史学専攻卒業。佛教大学大学院文学研究科博士後期課程修了。博士（文学）。株式会社歴史と文化の研究所代表取締役。著書に『関ヶ原合戦全史』（草思社）、『倭寇・人身売買・奴隷の戦国日本史』（星海社新書）、『豊臣五奉行と家康』（柏書房）、『誤解だらけの徳川家康』（幻冬舎新書）、『嘉吉の乱』（ちくま新書）、『誤解だらけの「関ヶ原合戦」』（PHP文庫）など。

朝日新書
919

天下人《てんかびと》の攻城戦《こうじょうせん》

15の城攻めに見る信長・秀吉・家康の智略

2023年８月30日第１刷発行

編　著　渡邊大門

発行者　宇都宮健太朗
カバーデザイン　アンスガー・フォルマー　田嶋佳子
印刷所　凸版印刷株式会社
発行所　朝日新聞出版
〒104-8011　東京都中央区築地5-3-2
電話　03-5541-8832（編集）
　　　03-5540-7793（販売）

Published in Japan by Asahi Shimbun Publications Inc.
ISBN 978-4-02-295226-4
定価はカバーに表示してあります。

落丁・乱丁の場合は弊社業務部（電話03-5540-7800）へご連絡ください。
送料弊社負担にてお取り替えいたします。

歴史のダイヤグラム〈2号車〉
鉄路に刻まれた、この国のドラマ

原　武史

天皇と東條英機が御召列車で「戦勝祈願」の旅。戦犯指名から鉄道で逃げ回る辻政信。太宰治『人間失格』は「鉄道知らず」。落合博満と内田百閒、発車直前の歩調。あの時あの人が乗り合わせた鉄道だけが知っている大事件、小さな出来事――。朝日新聞土曜「be」好評連載の新書化、待望の第2弾。

親の終活　夫婦の老活
インフレに負けない「安心家計術」

井戸美枝

親の介護、見送り、相続や夫婦の年金、住まい、子どもの将来まで、頭が痛い問題が山積みになる定年前後。制度改正の複雑さや物価高も悩みのタネ。人生100年時代、まだ元気なうちに備えておきたいポイントをわかりやすく解説し、老後のお金の不安を氷解させる。

「単純化」という病
安倍政治が日本に残したもの

郷原信郎

政治の〝1強体制〟は、日本社会にどのような変化をもたらしたのか。森友・加計・桜を見る会……。「法令に違反していない」「解釈を変更した」と開き直り、逃げ切る「スタイル」の確立は、「多数決」ですべての物事を押し通せることを示し、分断を生んだ。問題の本質を見失ったままの状態が続く日本の病に、〝物言う弁護士〟が切り込む。

朝日新書

学校がウソくさい
新時代の教育改造ルール

藤原和博

学校は社会の縮図。その現場がいつの時代にもましてウソくさくなっている。特に公立の義務教育の場が著しい。社会からの十重二十重のプレッシャーで虚像になってしまった学校の実態に、「原点回帰」の処方を示す。教育改革実践家の著者によるリアルな提言書！

人口亡国
移民で生まれ変わるニッポン

毛受敏浩

〝移民政策〟を避けてきた日本を人口減少の大津波が襲っている。GDP世界3位も30年後には8位という並の国に。まだ日本に魅力が残っている今、外国人から移民先として選ばれる政策をはっきりと打ち出し、この国を支える人たちを迎え入れてこそ将来像が描ける。

マッチング・アプリ症候群
婚活沼に棲む人々

速水由紀子

婚活アプリで1年半に200人とマッチングしてみたところ、「富豪イケオジ」「筋モテ」「超年下」「写真詐欺」「ヤリモク」……〝婚活沼〟の底には驚くべき生態が広がっていた！　合理的なツールか、やはり危険な出会い系なのか。「2人で退会」の夢を叶えるための処方箋とは。

問題はロシアより、むしろアメリカだ
第三次世界大戦に突入した世界

エマニュエル・トッド
池上　彰

世界の頭脳であるフランス人人口学者のエマニュエル・トッド氏と、ジャーナリストの池上彰氏が、ウクライナ戦争後の世界を読み解く。覇権国家として君臨してきたアメリカの力が弱まり、多極化、多様化する世界が訪れる——。全3日にわたる白熱対談！